FOOTBALL

サッカースカウティングレポート
超一流のゲーム分析

SCOUTING

小野 剛［元日本代表コーチ］

REPORT

KANZEN

サッカースカウティングレポート
超一流のゲーム分析

FOOTBALL SCOUTING REPORT *Contents*

Prologue　脚光を浴びるスカウティング

情報が氾濫する現代社会、サッカー界においても情報自体の価値、あるいは情報を共有し、活用することの重要性はますます高まってきています。対戦相手や自分たちを分析していくことは、この本で用いられているスカウティング（Scouting）という言葉のほか、分析するという観点からはアナライジング（Analyzing the Game）、あるいは意図を読むという観点からリーディング（Reading the Game）などとも言われます。このスカウティングは、そのような時代背景の中で脚光を浴び、そこから得られる情報が相手と戦ううえでも、チームを強化していくうえでも1つの柱になるという認識が受け入れられているのです。

日本が本格的にスカウティングを導入したのは、1995年のアトランタ五輪最終予選の頃からだと思います。当時、最前線でスカウティングを行なっていた私は言わば「影の存在」でした。

チームスタッフとして名前が出ることはなく、あくまで隠密行動。時には身体に泥を塗りたくって相手チームを視察し、薄暗い部屋に戻って分析を進める。表舞台からは離れて、コソコソと動き回っている存在でした。当時、一度テレビの取材を受けたことがありますが、流れた映像は顔が映らないように後ろ向き。「なんでそんなことが必要なんだ！」と声を荒げて、存在そのものを否定する関係者もいたほどです。

あれから長い歳月が過ぎ、スカウティングはその地位を確立しました。Ｊリーグが誕生して16年、日本が初めてワールドカップに出場して11年、日本サッカー界は世界に追いつこうと努力を重ねて進化してきたと言えます。スカウティングは、その過程で多方面に渡り大きな役割を果たしてきました。世界を相手に戦い、そして勝つためには、まずは世界を知り、そこから日本を見ていくことから始めなければならなかったのです。

現在、スカウティングは日本代表に限らず、Ｊリーグの各クラブ、さらにユースやジュニアユースまで浸透しています。日本代表に関して言えばフル代表からＵ－15代表まで、各カテゴリーにスカウティングを行なうテクニカルスタッフがついています。

ＦＩＦＡ Ｕ－17ワールドカップ ナイジェリア２００９に参加したＵ－17代表にも、テクニカルスタッフが帯同しました。世界の強豪と真剣勝負をした選手たちにとっては代え難い経験になったはずです。しかしあの大会を経験したのは選手・スタッフを含めてもせいぜい30名弱です。それが、たとえ現地に行っていなくてもその経験を共有できたらどれだけすばらしいことでしょうか。

そのためにテクニカルスタッフは、大会後には「勝つための分析」から「明日の日本のための分析」にシフトチェンジします。世界のサッカーの現状、その中での日本の成果や課題を、映像とセットにわかりやすい形に加工されたテクニカルレポートとして作成し、育成活動や指導者研修などで活用しているのです。

つまり、スカウティングは試合に勝つためだけに行なうのではない。選手一人ひとりの可能性を伸ばすため、チームを成長させるため、そして、スカウティングによって得られたデータを多くの人々が共有するために行なうものなのです。

スカウティングの価値は多岐に渡っています。

相手のチームを分析するスカウティングは、勝負を制するためのカギになります。今は、どのチームでも相手を分析したうえで戦略を立てている。その前提で考えればスカウティングを放棄するということは、自分たちを熟知した相手に丸腰で挑むことと同じなのです。

自分たちのチームを分析するスカウティングは、選手を伸ばすための論理的な根拠となります。監督がどれだけ「もっと相手の裏に走ろう」と言っても、選手たち自身がその意味を理解しない限り生きた動きにはなりません。そんなとき試合やトレーニングをビデオに撮って分析すれば、選手たちは「なるほど、やってみよう」と納得します。監督やコーチに言われたからやるのではなく、選手たち自身の内なるモチベーションを刺激できるのです。

また、選手がうまくいっていないときに結果だけを見て「ダメじゃないか」と言うだけでは、問題を解決することはできません。選手をしっかりと見て、何が原因でそのような状況に陥っているのかを探り、ヒントを与えることで初めて抜け出す手助けができるのです。

もちろん、ワールドカップをはじめ各国際大会やミニトーナメント、親善試合などに参加した際のスカウティングデータを蓄積していけば、勝った負けたで終わらず、次のステップに活かすことができます。そして、このような分析の蓄積こそ日本サッカーの方向性を考えていくうえで貴重な材料となるのです。

今、日本サッカー協会にはテクニカルハウスという組織があります。数名のスタッフで世界の情報を収集、各年代代表チームのテクニカルサポートを行ない、それを今井純子所長統括のもと蓄積、さらに分析し、テクニカルレポートや指導者向けのテクニカルニュースを作成しています。

フル代表では和田一郎、武藤覚の2人が専属でスカウティングを担当。相手チームを視察したり、代表の練習をビデオに収めて分析したりしています。彼らが作るスカウティングビデオは、スタッフ用、選手用などになります。それとテクニカルハウスとが有機的に連携し、ナショナルトレーニングセンター用、指導者養成用、報告用など、さまざまな形で活用されているのです。

私が担当していた頃とは違い、今ではテクニカルスタッフとしてチームリストにも名前が載り、堂々と仕事をしています。「スカウティングの先駆者」として苦労してきた私は、日本サッカー界の発展と比例しているスカウティングが認知されてきたことに喜びを覚えるのと同時に、改めてその重要性を強く感じているところです。

とはいえスカウティングはコーチに課せられる仕事の一部で、すべてではありません。

また、スカウティングの一番の目的は、選手たちを堂々とピッチに送り出してあげることに尽きます。そこに行きつかない限り、分析する意味はありません。スカウティングが普及したことで一部に誤った解釈をする人もいて、間違った方向に傾きつつあるのも事実なのです。

選手たちの躍動感を損なうようなスカウティングの一人歩きは、絶対に避けなければなりません。それでも、使い方さえ間違えなければスカウティングほど有益なツールはないのです。

サッカーの楽しみ方は人それぞれ。ゴール裏で熱狂的にチームをサポートする人、スタンドの上段で冷静に試合を分析する人、選手個人に声援を送る人、テレビで観戦をする人。そして現場で指導しているコーチや、サッカーをプレーする選手たち……。そういった方々がスカウティングについて知ることで、「こんな観方もあるんだ」と、サッカーの新たな楽しみ方を見つけることができると信じています。「サッカーをもっともっと奥深く楽しんでいただきたい」、そんな思いを込めて、執筆させていただきました。

この本を読むことで、次に試合を観るときに、今まで以上にサッカーの魅力を感じていただけたら幸いです。

Chapter 1

サッカーにおける
スカウティングとは？

日本代表でのスカウティングの流れ

95年、私は翌年のアトランタ五輪出場を狙うチームで本格的にスカウティングを始めました。西野朗さん（現・ガンバ大阪監督）が監督、山本昌邦さん（元・ジュビロ磐田監督）がコーチを務める五輪代表です。

それから、97年にはフランスワールドカップの予選が始まり、加茂周さん（元・日本代表監督）が監督、岡田武史さん（現・日本代表監督）がコーチを務めるフル代表に、私はテクニカルスタッフとして参加しました。

日本代表では主にスカウティングを担当していたわけですが、どのようなことを行なっていたのか。

その流れを簡単に説明しますと、まずは対戦チームの情報収集をしていきます。それまでの試合のビデオを観たり、実際に生で観戦したり、練習を視察したりして、情報を集めるのです。後ほど紹介いたしますが、アトランタ五輪予選当時にはスパイ活動のようなことまでしていました。

情報収集を終えると、そこから相手のチームを分析して戦略を立てる。最後に戦略を決めるのは監督ですが、監督とコーチングスタッフが絶えずコミュニケーションを取ることで、情報を共有しながら有効な戦略を固めていきます。

分析のためには、相手チームの特徴をしっかり把握しなければなりません。ただし、特徴をつかむだけでは意味がない。例えばヘディングの強い選手がいた場合、「彼はヘディングが強い」とわかったところで具体的な対策は思い浮かびません。

大事なことは、最大の目的であるチームの勝利のために、強力な武器を持っている選手をどう抑えるかなのです。そのためには、その選手がどういうときに輝きが増し、逆にどういう状況になると活躍できていないかを調べる必要があります。

そこを突き詰めていくと戦略が見えてきますし、対処の仕方、勝負するうえでの重要なポイントが浮かび上がってくるのです。

分析する際にデータを活用することもありますが、どのあたりにパスを何本通したかといった数値は、ある程度試合を蓄積しないとデータとして有効ではありません。内容がともなわないデータになってしまうのです。パスが何本成功したかとか、誰から誰に何本パスが通っているかというデータよりも、試合を決めるような決定的なパスを見極めて、誰がどのような性質のパスを出しているかを重要視します。

それから、相手チームの特徴を自分たちの選手に伝えるわけですが、これが非常に難しい。通常カギを握る選手を何人かピックアップして、象徴的なシーンなどを映像にまとめて、ミーティングで紹介していきます。

ですが、何シーンも数多く見せたところで、実際に対戦する選手たちにとっては印象の薄い情報になってしまいます。だから、このシーンを観れば相手チームや選手の特徴がわかるという場面を見つけていくのです。インパクトのある映像をワンシーンで見せる方が、選手の脳裏に深く特徴が残ります。

「10シーンも20シーンも集めれば相手のいろいろな特徴がわかるだろうけど、そんなデータは意味がない。選手が混乱するだけだ。一瞬で相手の特徴がわかるシーンを見つけろ」

現在、私は弟子たちにそう言っています。そうすると、おおよそ2、3シーンに絞られていきます。スペシャルなプレーがあれば4、5シーンになることもありますが、できるだけ2、3シーンで特徴がわかるような映像を作らせています。

とにかく、選手には可能な限りシンプルな情報を提供すべきです。

シーンが多ければ多いほど、選手たちは頭で考えようとします。それでは身体が反応しません。脳裏に刻まれるような情報だからこそ、いざというときに身体が動くのです。試合のとき、コンマ何秒の世界で活かせる情報でなければ、まったく意味がない。そのためにも、ポイントを押さえた映像を作成する必要があるのです。

▼▼▼サッカーを「観る眼」をどう養うのか

スカウティングにおいて最も重要なことは何か。私は迷わず、サッカーを「観る眼」を養うことだと答えます。スカウティングに必要なのは「観る眼」だけと言っても過言ではありません。ノートを取ったり、ビデオを作成したりもしますが、それは人に伝えるため、あるいはデータとして残すためのアイテムに過ぎません。あくまで「観る眼」を養ってくれる助けです。

その人に「観る眼」がなければ、スカウティングはできません。

「観る眼」に関しては、私もよく人から聞かれました。アトランタ五輪の頃だったと思います。28年ぶりにアジア予選を突破し、脚光を浴びる中でブラジルを破ったため、スカウティングを担当していた私は質問責めにあいました。

「どこを観ているんですか?」

「どうすれば見えるようになるんですか?」

当時は明確な答えを用意できませんでしたが、改めて振り返ると、最初の頃はそれほど見えなかったということを覚えています。特に現役上がりのときはまったくと言っていいほど何も見えていませんでした。今もよく現役の選手や、引退してコーチングを勉強している後輩たちに「なかなか見えないんですよ」と泣きつかれますが、私も同じでした。

ボールがあるところは見える、自分でプレーしようと思ったところは見える。けれども、他の大事なところがなかなか見えてこないのです。

全体が見えるようになるまでには、多くのゲームを観る必要があります。狭い局面に固執するのではなく、ピッチ全体を俯瞰《ふかん》し、周辺視野を駆使して観るような感覚です。

例えば、攻撃しているチームのボールがあるところだけではなく、俯瞰してディフェンスラインを観るのです。最初はなかなか「違い」に気づかないと思いますが、「前線のこのあたりにボールがあるとき通常はディフェンスラインがこういう形になっている」というのを感覚的につかみ取っていれば、「あれ?」と感じる瞬間が出てきます。

違和感があるときは、だいたい相手FWと微妙な駆け引きが行なわれていたり、カウンターに遭ったときピンチを招くギャップ(DFラインの乱れ)ができていたりするものです。

そう考えると、やはりレベルの高い試合をスタジアムで数多く観ることが大切です。レベルの高いチームのレベルの高い試合を重ねて観ていけば、より洗練された形、言ってみれば正常な形が目に焼きつきます。そうすれば「当然こうなっているはず」との意識とは異なる局面に出会ったとき、自然と違和感を覚えることができるのです。何かが起こっている、と。

サッカーを「観る眼」は鑑定に近いかもしれません。

鑑定士は、偽物をどれだけ見ても目利きにはなれないそうです。本物をどれだけ見たかで眼が養われると聞いたことがあります。ハイレベルな本物の試合をたくさん観ているからこそ、直感的に違和感を覚えるのでしょう。

私自身のことを振り返ると、96年のアトランタ五輪のとき、そして98年のフランスワールドカップのとき、とにかく世界中のいろいろな国に飛んでレベルの高い試合を生で観ていました。イラン、シリア、オマーン、サウジアラビアなどの中東諸国や、イングランド、クロアチア、ドイツ、アメリカ、ブラジルなどを渡り歩きました。

テレビでは見えない、画面には映らない隅々まで観ることができたあの経験が「観る眼」を養ってくれたことは間違いありません。

もちろん、仕事として観ていたので真剣でした。見落としちゃいけない、いろいろな意識を張り巡らせなきゃいけない。そのようなプレッシャーがプラス材料となり、私の「観る眼」を育んでくれたのです。

とはいえ、私自身が見えるようになったと実感したのは、かなりあとのことです。アトランタ五輪の予選で初めてスカウティングを担当して、その流れでフル代表でもスカウティングを担当し、気がつくと98年のフランスワールドカップが終わっていた。そのあたりから、少しだけ見えるようになったと実感するようになりました。

3つの局面でプレーの本質を見抜け

スカウティングする際の注意点は、結果ばかり見ないで「プレーの本質」を見極めることです。

素晴らしいゴールが決まったとします。素晴らしいシュート、絶妙なラストパスまでは誰でも観ることができます。でも、勝負を決めた真のポイントはそのプレーの2つぐらい前、あるいはボールと関係ないところにあることが多い。FWがゴール前に斜めに走り込んだ動きだったり、パスを受ける前のステップだったり、得点を決めた選手をフリーにした囮《おとり》の動きだったり……。

いずれにしてもゴールという結果にだけ眼を奪われていては、勝負を決めた「プレーの本質」は見えてきません。

サッカーには3つの局面があります。

1. ボールを持っているとき（オンザボール）
2. ボールを持っていないとき（オフザボール）
3. 攻守が切り替わるとき

3つの局面を整理して観ることができれば、勝負の綾が浮かび上がってきます。そうやって「プレーの本質」が見えてくると、試合を観る楽しみが増えるでしょう。

ある程度「観る眼」が養われてくると、意識しながら重要なポイントを探れるようになります。一方的に攻撃しているチーム、クロスを何本も上げているようなチームがあったとき、クロスを上げている選手だけでなく、ゴール前で駆け引きをしているFWの動きが見えるようになる。「どうしてフリーなんだ」とか「クリアボールを全部拾われているのはなぜか」という疑問を解くカギに、眼が行き届くのです。

そんなとき、FWは決まってゴール前の攻防で特別な動きをしています。訓練することでそのあたりが見えてくるのです。

「観る眼」というのは、「重要なポイントを予測する力」と言い換えることもできるでしょう。

そのような力を身につけると、得てしてボールのない場所に監督の意図が見えてきます。

まるでスパイ大作戦!? ギリギリの情報収集術

スカウティングの進め方として、私が経験したことを中心に、スカウティングの際に味わった大変さ、今だから話せる裏話をご紹介しましょう。

情報収集においては、ワールドカップ本大会ぐらいになると、手を焼くことはそれほどありません。ある程度のステージになると、だいたいテレビ放映があるものです。ところが23歳以下の大会であるオリンピック予選、しかも地理的に広大で、多様な文化が混在しているアジアとなると大変です。どこまで遡《さかのぼ》っても情報がないという国も少なくない。

アトランタ五輪の最終予選で対戦したイラクは、案の定ほとんど情報がありませんでした。数少ないルートを頼りにビデオを取り寄せて、日本で2試合か3試合分をチェックしたのですが、画像が粗くて誰が誰だかわかりません。

特に中東の国々は意図的に背番号を変えたりもするので、背番号をあてにするのは危険。だから、走り方の特徴、ボールを蹴るときの癖などを必死に拾い集めて、なんとかデータにするという感じでした。

それでも情報としては不完全な状態です。結局、アジア地区最終予選の会場となったマレーシアで確認するしかないと結論を出しました。

ところが……、今でこそ試合前は少なくとも週に1度は練習をオープンにしなければならないという約束事がありますが、当時は練習の場所も時間も非公開。あのときは、加藤久さん（現・京都サンガF.C.監督）、私、野見山篤さん（現・鹿島アントラーズ育成強化部長）の3人でイラクのスカウティングに行きました。

選手バスが停まっているホテルを見つけて、朝からホテルのロビーで、新聞を読むふりをしながら張り込みを開始します。まさにスパイの世界。しばらくすると、選手たちがゾロゾロとバスに乗ってどこかへ出発しようとしています。待たせてあったタクシーに乗り、そのバスを追跡しました。

イラクの練習はすり鉢状で少し低いところ、隠れる場所がほとんどないグラウンドで始まりました。当然、よく見えるのはこっちもあっちも一緒。見つかったら大変です。そこでタクシーの運転手に高台で停車させて、「ちょっとボンネットを開けて修理しているふりをしてくれ」と頼んだのです。

マレーシア人の運転手は面白がってくれたようで、気持ちよく協力してくれました。もしアウェイのイラクで試合があったら、あそこまで協力してくれる人はいなかったでしょう。そして、運転手が車を整備している間、久さんと私で車の中から練習をのぞき見ました。けれども、その日はどうも重要な練習をやっていない。参考になるデータをつかめないまま、ほとんど時間を潰しただけで終わってしまいました。

次の日、今度は山の中腹にあるグラウンドに練習場所が移りました。どうやら、重要な練習を行なう気配が漂っています。その日は、私と野見山さんの2人での偵察。そこは、山の中腹を切り拓いたところにグラウンドと駐車場があり、山側の方は工事現場になっていました。練習を見られるような場所は、どこにも見当たりません。

野見山さんと2人で「どうするよこれ?」と頭をかいて、とりあえず野見山さんは駐車場で待機することに、私は大きく反対側に回って山から下りて工事現場に突入することにしました。すると、工事現場の一角に身体を隠すのにちょうどいい塀を発見。そこから頭を出すとイラク側に見つかってしまうので、手を伸ばしてカメラだけを出して、なんとかフリーキックの様子を撮ることができた。当時は最新の機能だった液晶ファインダー付きの小型ビデオカメラが役に立ったのですが、練習の一部始終をビデオに撮ったところで捕まったら元も子もない。大事なところだけは押さえようと必死でした。

ところが、なんとか撮影を終えて駐車場の方を見ると車がない。野見山さんも消えていました。私は、完全に取り残されたわけです。

「どうなるんだ俺は?」

再び山を回って駐車場に着いたとしても、ウロウロしていたら、どう見ても不審な男です。

「ええぃ、ここは堂々と行くぞ」と工事現場の作業員のふりをするため、上着を脱いで、チノパンを内側に丸め込むようにたくし上げ（これはけっこう作業風になりました）、カムフラージュ用に身体のあちこちに泥を塗りたくりました。もちろん、カメラは服の中に忍び込ませます。

ここまできたらコソコソしても仕方ないと覚悟を決めて、ピッチのど真ん中をゆったりと突っ切りました。イラクの選手、スタッフからの視線は感じたものの、歩調は変えないように歩き続けます。

駐車場を過ぎたあたりで一目散に走り出しました。すると、下に停まっている車と野見山さんを見つけることができました。

野見山さんはイラクのスタッフに捕まっていたそうです。車から引きずり出されて、そのまま胸倉をつかまれて持ち上げられたと言っていました。けれど、メモを車の座席の下に隠し、「私は通りすがりの韓国人です」と英語で言ったら、それ以上のことはされなかったようです。

オマーンをスカウティングしたときは、軍事施設に潜入したこともありました。施設の中に練習グラウンドがあったのです。久さんと2人だったのですが、さすがに許可を取りました。オリンピック予選を戦っているサッカー日本代表のスタッフ、こういう2人が行くからと「OK」の返事をもらいました。

現地スタッフの協力で潜入自体は問題なかったのですが、よく見ると練習を視察している私たちの格好がマズい。猛暑にもかかわらず、目立たないようにと2人そろって上下黒のジャージーを着ていたのです。そのすぐ裏では、ライフルを肩に担いだ兵士たちが隊列を組んで訓練にあたっています。

「久さん、やばくないですか」

「どうして?」

「これオマーンに見つかるよりも、僕らどう見ても施設に侵入したテロリストみたいですよ」

「……確かに、そうだな。撃たれないように気をつけよう」

思い返すと最初の頃はそんなことの連続でした。本当に苦労の連続でしたが、私たちが必死に集めた情報がチームの戦略を立てる際に、活用されたのです。

▼▼▼相手DFの弱点を突いた「マイアミの奇跡」

アトランタ五輪のチームは、予選のときからコミュニケーションを重視していました。監督である西野さんのリーダーシップの下、コーチの山本さん、そして私たちスタッフは、話し合いを繰り返すことで揺るぎない関係を築いていたのです。

実際に戦略を立てるのは西野さんでしたが、西野さんはスカウティングの重要性を理解して、いろいろなリクエストを出してくれました。だから、自分だけが独立して、1人で分析しているとは思いませんでした。「こんな感じでビデオを作ってくれないか」と頼まれたり、私が「こんなふうに作ってみましたけど」と言って「OK、OK」と返事をもらったり。

本大会での対戦相手のブラジルとナイジェリアは、どう考えても格上のチーム。実力差がある中、どうすれば勝てるか、どうすれば自分たちの良さを最大限発揮できるかを真剣に考えていました。そして、チーム力・個々の力量を比較したうえで、相手のストロングポイントを抑えて日本の良さを引き出す現実的な戦略を導いていったのです。

毎日のように西野さんとやり取りをしていましたが、一番困ったのが「それで、相手は強いのか?」という質問でした。オフェンスのパターンや、ディフェンスのパターンを答えるのは何の問題もありませんでしたが、強いかどうかを答えるのは難しかった。

観る側の私に、力関係を計る確固たるモノサシがなかったのです。日本のチームと対戦していれば比較ができますし、あるいは自分の知っているチームとの勝負ならレベルが見えてきます。しかし最終予選当時、イラクやサウジアラビアが別の国と対戦している試合を観て強いかどうかは判断しづらかったのです。ましてや、アジアでは練習だけを観て判断するしかないチームもあったのでなおさらです。

練習だけで分析するのは至難の業なのですが、それでも相手チームの情報や分析の手がかりを見つけなくてはいけません。そんなときは、監督と選手のやり取りや、練習後の選手たちの動きを注意深くチェックして、キーマンをあぶり出すようにします。

練習を細かく観ていると、同じことを繰り返していることに気がつくことがあります。そんなときは、そこがそのチームの長所か短所のどちらかだと判断していいでしょう。徹底することでストロングポイントを強化しようとしているのか、ウイークポイントを補おうとしているのか、そのどちらかです。経験上、不安を抱えている場合が多いような気がします。

練習でわかることもありますが、やはり練習だけでは極端に偏ったデータになってしまう。ですから、本格的にスカウティングをするのであれば、生で何試合か観戦して、ビデオでチェックしておくにこしたことはないでしょう。それによって、どの選手を中心に攻撃を組み立てているのか、最終ラインのリーダーは誰なのか、セットプレーはどのようなパターンがあるのか、わかることがいろいろとあります。

さらに相手の弱点、攻略できそうなウイークポイントもつかんでいきます。例えばマークのずれなども気づくことができるのです。

面白い実験があります。真後ろから「○○さ〜ん」と呼ばれたとき、ほとんどの人は振り向く方向が一緒だそうです。誰にでも向きやすい方向がある。

そのせいか、片方からボールが来ているときはしっかり相手を同一視野でマークできるのに、もう片方からボールを入れられるとマークを見失ってしまう、そんな選手がいます。

そうしたマークのずれを突いたのが、「マイアミの奇跡」と呼ばれたアトランタ五輪のブラジル戦でした。ブラジルの最終ラインにいたロナウドは、まさにこのタイプ。ロナウドは左方向が振り向きやすかったようです。左サイドは問題なくマークをつかめているのに、反対の右サイドからのボールになるとすぐにマークを見失ってしまう。だから意図的に日本の左サイドから、しかも連携のよくないGKとDFラインとの間にクロスを入れるように仕向けていきました。

その結果、後半27分、左サイドバックの路木龍次（元・大分トリニータ）がゴール前へ放り込んだボールによって、DFアウダイールとGKジダの連携が乱れて激突。そのまま転がっていくボールに伊東輝悦（現・清水エスパルス）が走り込んできたのですが、DFのロナウドは伊東を見失っている状態で、後は押し込むだけ。あの得点は偶然ではなく、必然から生まれたゴールと言ってもいいかと思います（**図1**）。

このように、いわゆるボールウォッチングの癖がある選手は大きな穴となりえるのです。ビデオチェックを通してそんな選手を見抜くことは、勝つために必要な要素と言っていいでしょう。ボールだけに集中してマークを外してしまう選手、クロスを入れられた瞬間、完全にボー

図1　「マイアミの奇跡」でのゴール（アトランタ五輪 対ブラジル戦 1996.7.21）

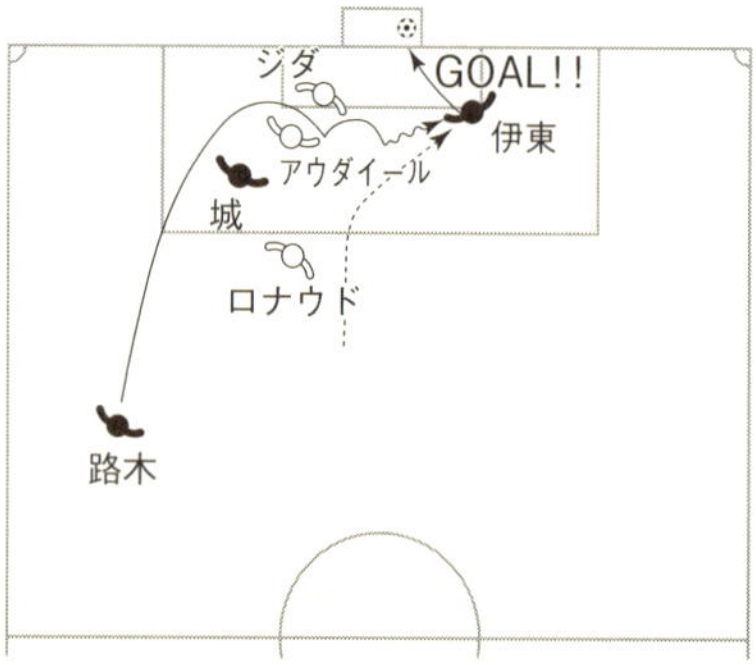

路木からのロングボールが、GK ジダと DF アウダイールの交錯を誘い、こぼれ球を伊東が押し込んで得点を奪った。

——→ ボールの動き　------→ 人の動き

ルにつられてしまう選手を数本のビデオの中から探すのです。高さも強さもあるけれど、少し揺さぶるとボールウォッチングになってしまう。そんな選手を見つければ、その穴を突いてゴールを奪うことができるかもしれません。

要注意選手を抑えるための分析

相手選手の特徴を正確にとらえても、それだけでは意味がありません。すでに書きましたが、「あの選手はヘディングが強い」と伝えたところで勝負に勝てるはずはないですし、その選手のヘディングが弱くなることもありません。

フランスワールドカップの予選で対戦した韓国には、チェ・ヨンスという点取り屋がいました。韓国の絶対的FWで、Jリーグのジェフ市原、京都サンガ、ジュビロ磐田でもプレーしたことがあるので日本のファンにもお馴染みの選手でしょう。

大事なのは、チェ・ヨンスの特長を消すために何をすべきか。そのヒントを教えることでした。どのようなパスが供給されると決定的な場面になるのかを調べて、パスの出し手を抑える動きを徹底するとか。得意な体勢でヘディングさせないように、身体の寄せ方を指導するとか。ゴール前での動き方に注目して、マークの受け渡し方法を確認するとか。

つまり、「ヘディングが強い」という現象を伝えるのではなくて、その周辺まで分析して対策を練るのがコーチの仕事なのです。「このような状況になると危険だけど、こうすれば必ず抑えられるから大丈夫」と伝えて初めて、スカウティングの意味があるのです。

世界の強豪国に限らず、アジアの中にも突出した選手はいます。その選手にいい形でボールが入ったら、日本代表の守備の要である中澤佑二（現・横浜F・マリノス）や田中マルクス闘莉王（現・名古屋グランパス）をもってしても抑えるのが難しい。どれだけ分析しても、1対1の勝負では対処できないスーパーな選手はいるのです。そのようなポテンシャルの高い選手に自由を与え、得意な形でボールを入れさせてしまうと必ず痛い目に遭います。

そんなときは、一生懸命その選手を抑えるよりもむしろ、いいパスが入らないようにチーム全体が意識していく方が効果的なのです。

現在、日本代表で岡田さんが採っている戦略、前線からプレッシングを仕掛けて相手の特長を消すという戦い方は、同じ発想からきています。前線で奪い返して攻撃につなげることに加え、個人対個人の対戦になる前に、組織的な守備で突出したプレーヤーに仕事をさせないというものです。

伝える情報は短く、効果は最大に

選手へ説明するためのチームミーティング用のスカウティング映像は、12分以内にまとめるというのを自分の1つの基準にしています。なぜ12分かと言われると難しいのですが、今までの試行錯誤の中で、本当に選手が集中して食らいついてくる時間を自分なりに感じ取った経験則です。

分析するための情報は多ければ多いほどいいのですが、伝える情報は短い方が効果的です。あまり長いようだと情報過多になり、大事なポイントがぼやけ、選手たちの集中力の低下につながります。自分たちのサッカーを見失い、受身のサッカーになってしまう危険性が出てくる。また、説明が長ければ長いほど「やらされている感」が生じてしまいます。その結果、選手たちの躍動感を引き出すのが難しくなるという悪循環に陥ります。

ミーティング用の映像はポイントをまとめ、全体のストーリーを構築するので、どのような映像から始めどう終えるかといった順序も大きな意味を持ちます。

相手の選手に対して、ひたすら「すごい、すごい」と感じるような内容では臆病になり、堂々とピッチに立つことができません。大事なのは「それなら俺たちもできる。絶対に抑えられるんだ」と思わせることです。映像を観終わったときに、「よしっ、戦うぞ!」という気持ちにさせてあげるのです。

ミーティング用の映像とは別に、相手チームの全体がわかるようなダイジェストものを流す場合もあります。ダイジェストは本当に気軽に観るもので、大事な要素は含まれているものの、編集にこれといった意図はありません。食後、コーヒーを飲みながらぐらいのタイミングでよく流します。

98年のフランスワールドカップのときは、初戦の相手のアルゼンチンを徹底的に調べました。初戦の重要性はどんな大会でも一緒ですが、初めて出場するワールドカップだけにいつも以上に気合いが入っていました。

ゲームに勝つため、日本の選手たちのレベルを向上させるため、そして将来的に育成の現場で役立てるため、すべてを考慮して分析を行なったのです。当時は、たくさんの情報を選手に与えればいいというような風潮があったので、そうじゃないんだという思いもありました。選手たちに与える情報の質こそが大事なんだ、そんな強い気持ちがあった。

数十分のミーティングのために、どのようにやれば効果的に伝えることができるのか、時間をかけて準備をしました。ミーティングのためのリハーサルを数回行なったほどです。

ミーティングで使ったのは、全員が集中して観ることができるような短い時間の映像です。岡田さんが説明しやすいような流れを考慮し、戦術的なポイントがシンプルにわかるように工夫すると同時に、ミーティング自体のストーリーを踏まえて、順番の構成にも気をつかって作成しました。

ほかにも、得点集と失点集、セットプレーの攻撃と守備のダイジェスト、ウイークポイントをまとめたものが2パターン、勝負の分かれ目となるだろうポイントをまとめたものや、ポジションごとの対策といった具合に、かなりの数のビデオを用意しました。

カギを握る選手の個人ビデオも作りました。ガブリエル・バティストゥータ、クラウディオ・

ロペス、フアン・ベロン、アリエル・オルテガ、マルセロ・ガジャルド、ハビエル・サネッティ、エルナン・クレスポ、ディエゴ・シメオネの特徴がわかるプレーを集めて、ストロングポイントとウイークポイントをわかりやすい構成で編集したのです。

　ミーティング用のビデオ以外は、選手たちが気が向いたときに自分から進んで観るもの。だから、リラックスルームに並べておきました。時々私もそこにいて、選手たちに説明しながら一緒に観たりしました。自分とマッチアップする相手選手に関して、気が向いたときに観る。目を凝らして最後まで観るのではなく、感覚的に要点をつかむためのビデオです。

　無意識のうちに脳裏に刻み込まれた情報は、いざというときに役に立ちます。実

97年フランスワールドカップ、アルゼンチン戦において作成したビデオの数々。得点集・失点集・セットプレーといったチームの特徴がわかるものや、主要選手を分析したビデオが並んでいる。

際、本番では中西永輔（元・ジェフユナイテッド市原）がC・ロペスを見事に抑えてくれました。あの素晴らしいパフォーマンスに、スカウティングビデオが少しは貢献していたと信じています。

▼▼▼スカウティングで躍動感を与える

ミーティングの際、どのような映像を見せて、どのような話をするのかは、状況によっても変えるようにしています。

試合が続いた場合は、疲労によって選手たちは集中力をいつも以上に低下させていることが多いので、通常よりも映像を短めにして端的な言葉を使います。

試合に勝って余裕がある場合、これは私なりの方法かもしれませんが、自分たちが続けるべき良かったポイントと一緒に、修正すべきポイントを伝えるようにしています。

「ここが良かったけど、そうじゃないところもあったぞ」

良くなかったポイントを見せると選手たちは落ち込むものですが、下がった状態から次の試合に向けてモチベーションを上げていく過程に意味があります。ガツンと指摘したあとにフォローをすることで、これだけの時間があれば必ず回復させられると信じた場合は、しっかり反省を促せばいいと思います。状況にもよりますが、今よりも高いレベルで次のゲームに臨めるようなアプローチをしてみるのです。

反対に試合に負けて落ち込んでいる場合は、修正ポイントを強調すると逆効果になることがあります。指摘すること自体がコーチの自己満足になってしまうケースです。そんなときは、試合でできていたことを、次の試合でも出せるように指導する方が効果的な場合が多い。

修正点を修正点として伝えるのではなく、次の試合に向けて「もっとここのマークを厳しくすることが大事だ」と言うことで、前の試合で明らかになった修正点を、次の試合で取り組むべきポイントにすり変えることもできます。

自分たちのチームの状態、次に対戦する相手チームの状態、選手たちのメンタル面、残された時間などを考え、どのような指導をすべきか選択するのです。そのためには100通りぐらいの方法論と、それをはるかに上回る言葉を持っている必要があるでしょう。

コーチが満足するだけのマスターベーション的なコーチングでは、選手たちが満足いくパフォーマンスを披露できるはずはないのです。選手というのは傍目から見るよりも非常にナイーブです。そんな選手たちの気持ちをどうやって持ち上げるか、どうやって自信を持たせて、躍動感に満ちた状態でピッチに送り込むか。

そこがコーチの腕の見せどころなのです。

私もＪ２で経験しましたが、水曜日にも試合が入り、それが7連戦、8連戦と続く場合には、また別のアプローチが求められることもあります。いくら正しい指摘であっても、それが必ずしもチームをいい方向に導くとは限りません。とはいえ、肝心なところから目を背けてばかりいても、あとになってそのツケを払わざるを得なくなったりもするので本当に難しいところです。

パフォーマンスが上がってこないときは、どこかしらのタイミングで選手たちの目をしっかり開かせる必要も生じてきます。「このままじゃ厳しいけど、次は大丈夫だろう」。その場しのぎのトレーニングを続けていると、気づいたときにはチームは下降線を描いてしまうものです。1試合捨てるぐらいの覚悟でトレーニングをする。そんな勇気が必要な場合もあります。

そのあたりを見極めるには、私もまだまだ修行が必要です。コーチの仕事には正解もないし、ゴールもない。常に試行錯誤を繰り返すしかありません。

いずれにしても、情報というのは絞って絞って、捨てて捨てて、本質だけ伝えればいいのです。もちろん、何を捨てて何を残すか、そこの判断を誤ってはいけません。

そのためにもたくさんの情報に触れて、取捨選択する訓練を積む。捨てる勇気を養うのです。中途半端な情報では本質は伝わらないし、選手たちにポジティブなイメージを植えつけることはできません。

選手たちが自信に満ちた躍動感のあるゲームをすることが、何よりも大事なことです。スカウティングは、選手たちの力を引き出すためのもの、選手たちを輝かせるためのものです。選手たちの躍動感を損なうようでは、たとえそれが戦術的に正しかったとしても、本末転倒と言わざるを得ません。

スカウティングノートの書き方

私は、実際にチームを指揮するとき、あるいはスカウティングのために試合を観るとき、必ずノートを携帯しています。ノートに感じたこと、気づいたことを書き記すという行為は、非常に意味のあることだと思います。

ノートは、フォーメーション図とその横の欄にメモを書けるものを使っています(巻末付録参照)。私なりの方法になりますが、どのようにノートを取るのかを説明しましょう。

まずは、両チームの並びを確認します。1枚のフォーメーション図に、両チームのフォーメーションを照らし合わせる格好で書いておき、例えば、4-2-3-1のチームと4-4-2のチームが対戦する場合は、選手が対峙するように記しておきます(図2-1)。

それから、試合が進めば各選手が動く範囲がある程度、見えてくるので、矢印で選手の動きをつけ加える(図2-2)。次にどのようなマッチアップになっているのかを探りながら、どのあたりにミスマッチが起きやすいのかを見極めていくのです(図2-3)。

試合の状況によって、選手の位置や動きが変わっていけば、ノートのフォーメーション図にも反映させていきます。

最近は市販されている〝消せるボールペン〟を使用しています。このペンのおかげで、修正が必要なときも赤や黒のペンで塗り潰すことなく綺麗に書き直すことができるので重宝していま

図2　スカウティングノートの書き方

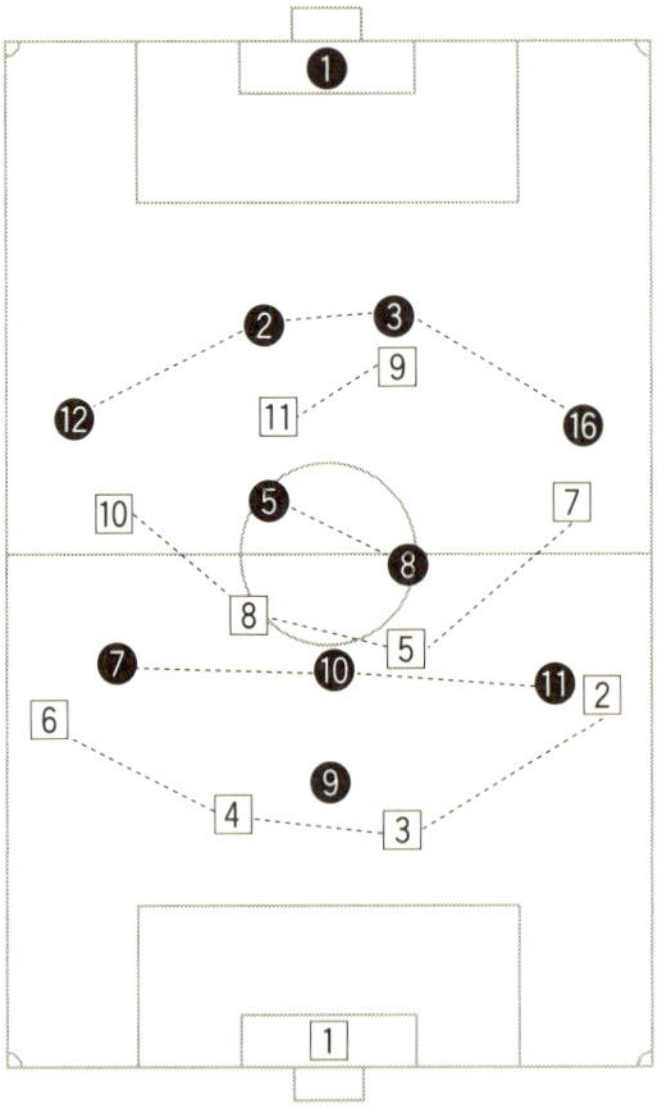

図2−1　両チームの並びを書く

1枚のフォーメーション図に、両チーム照らし合わせる格好で、並びを書く。4-2-3-1のチーム（●）と、4-4-2のチーム（□）の場合、上図のように選手を対峙させる。

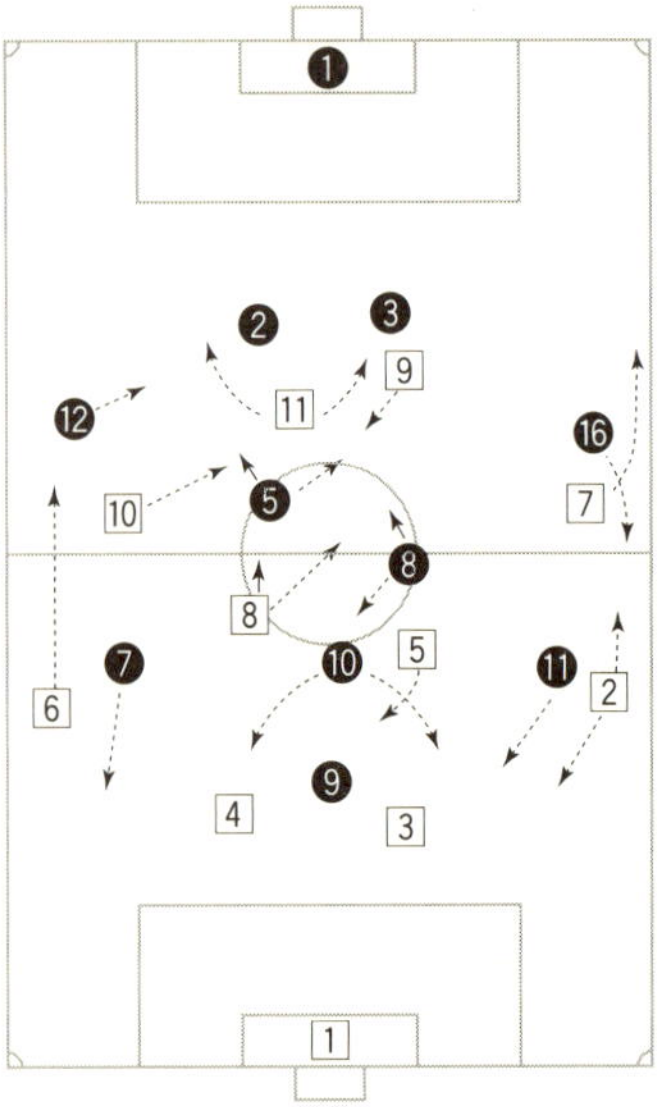

図2−2　選手の動きを確認する

試合が進めば各選手が動く範囲がある程度、見えてくる。矢印で選手の動きをつけ加えることで、チームの攻撃の意図、守備の意図を探っていく。

【□チームの分析】
システム：4-4-2
相手の1トップ❾を2人のCB3、4が見て、守備的MFの5がトップ下❿をケアする。
2トップはターゲット的な9と衛星的な動きをする小柄な11。右サイドの7はウイング的に動く。左サイドの10は、トップ下に入り、攻撃を仕掛けると同時に、空いたスペースにスピードのある6が積極的に飛び出してくる。

【●チームの分析】
システム：4-2-3-1
相手の2トップには、2人のCB❷、❸と守備に長けたMFの❺がフォアリベロ的に対応。プレーメーカーの❽を起点にボールを展開、ターゲットの❾にボールが入ると、そのタイミングで2列目の❼、❿、⓫が飛び出す。右の❼はスピードのあるウイングタイプ、左の⓫は中に入ってくるドリブラータイプ、❿が最も危険な場所に現れるストライカータイプ。

【分析ポイント】
MFセンターの位置でミスマッチが起きやすい構成になっている。□チームにとっては、センターMF8-5の左右を入れ替えることで、●チームのプレーメーカー❽の攻撃力を抑制し、ゲームを落ち着かせることが可能。しかし8が右にいることで、10が中に入り、6がオーバーラップしてきたときの相手チームの難しさをも同時に捨ててしまうことになる。

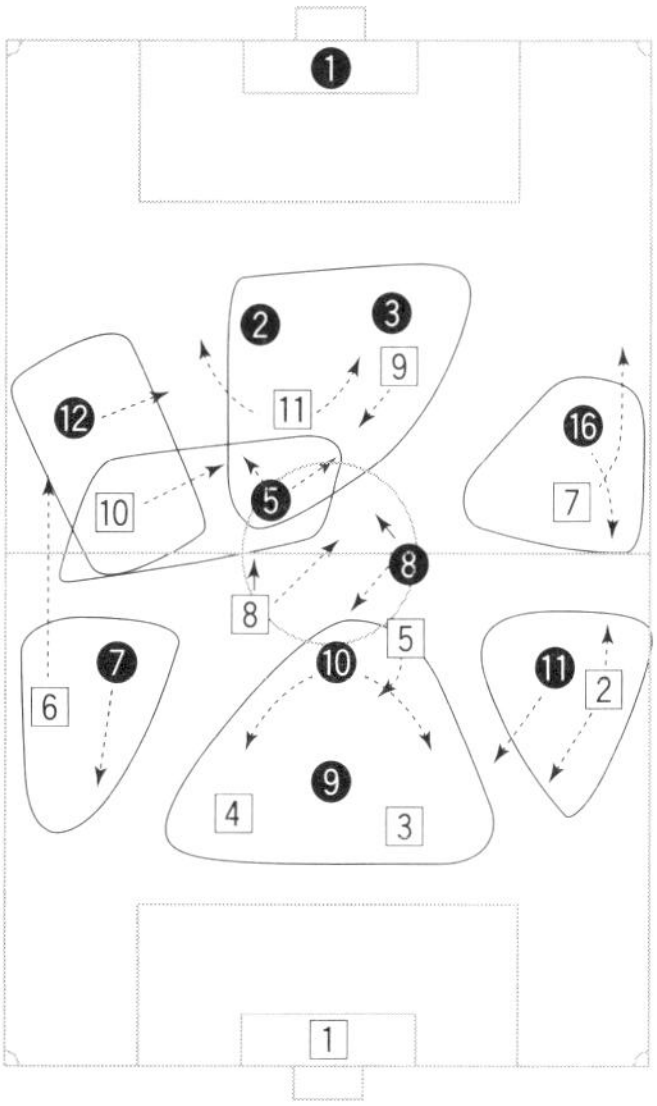

図2-3　マッチアップなどを確認

選手の動きがわかったところで、どのようなマッチアップになっているのかを把握していく。ミスマッチがどこで起きやすいのか、を見極めていく。

す。おすすめのアイテムです。

フォーメーション図の横の欄には、そのときわからなかったこと、解決できなかった問題を書いたりしています。

例えば試合中、それまでは主導権を握っていたのに急に流れが悪くなるときがあるでしょう。そんなときは、「後半15min主導権失う」とでもメモしておくのです。あるいは、「きちんと厳しいディフェンスをしていたのに、どうしてあの選手がフリーになったんだ?」と思ったときも、時間と疑問をメモしておきます。

U－17ワールドカップ2009で、私は日本以外の試合、同じグループだったメキシコ対ブラジルの試合にも足を運んでノートを取りました。

この試合では、メキシコもブラジルも4－4－2でした。ところが試合が始まってしばらくすると、ブラジルの中盤に位置する8番がフリーになる機会が多いことに気づきました。どうしてブラジルが数的優位な状況になっているのか。じっくり試合を観てみると、前の試合では3トップだったブラジルが、2トップを開き気味に配置していることと関連していることがわかったのです。2トップがあえて、センターバックとサイドバックの間に位置して、サイドバックの攻撃参加を封じながら2対4の状況を作っていたのです。FW2人を4人で見ていたメキシコにさらに、ブラジルはサイドバックを攻撃参加させて、メキシコの中盤の人数を足りなくさせていたのです。

現在のノートに辿り着くまでには、試行錯誤を繰り返しました。見やすさを考慮してペンの色を変えてみたり、情報を詰め込もうと切り張りをしたり、両面テープを使ったり。ピッチのラインの色も薄いと見えづらいし、濃すぎると邪魔になるしで、とにかく改良に改良を重ねて、いく通りものバージョンを経て今のノートに落ち着いたのです。

以前は、自分の考えを書き止めるためのノート、相手チームを分析するためのノートといった具合に細かく分けていたのですが、結局バラバラで収拾がつかないことに気づきました。だから今は、すべてを1冊のノートにまとめて時系列で書き込むスタイルをとっています。

自分が思ったこと、相手のこと、なんでもいいから書き込んでしまうのです。自分で考えて自分で書いた言葉には重みがあります。

私は決してマメな性格ではないのですが、サッカーに関してだけは自分でも驚くほど細かくメモを取っています。継続的にノートをつけていると、書いたときに気づかなくても、見返したときに気づくことがあります。

1年ぐらい埃をかぶっていたノートを引っ張り出したときに、「こんなこと考えていたのか」「あ〜、あの試合はこうだったな」「あのときは見えていなかったけど、ここがポイントだったのか」と気づくことがあるのです。

その時々に感じたことを書きつけておけば、情報が蓄積されていきます。例えば、相手を押し込もうとしたときに「この選手をこう動かせばいい」とメモしておけば、ノートを見返したとき

「あのときも同じことを考えていたんだな」と思い返すことができます。試合を重ねるに従って、そうしたメモの一つひとつが意味を持ってくるのです。

自分なりのノートですから、別に美しく書く必要はありません。私もスタッフに提出するためのレポートの場合は大きく、丁寧な字で書きますが、普段は自分にだけ判別できる字で書いています。自分独自のノートを作るのは面倒な作業かもしれませんが、作る過程には楽しさがありますし、完成したノートはどんなものでも財産となります。

見た目は綺麗ではないけれど、自分にとってはすごくわかりやすい、そんな愛着のあるノートです。

ノートにメモをしてビデオで観返す

試合後にノートを見ながらビデオをチェックして

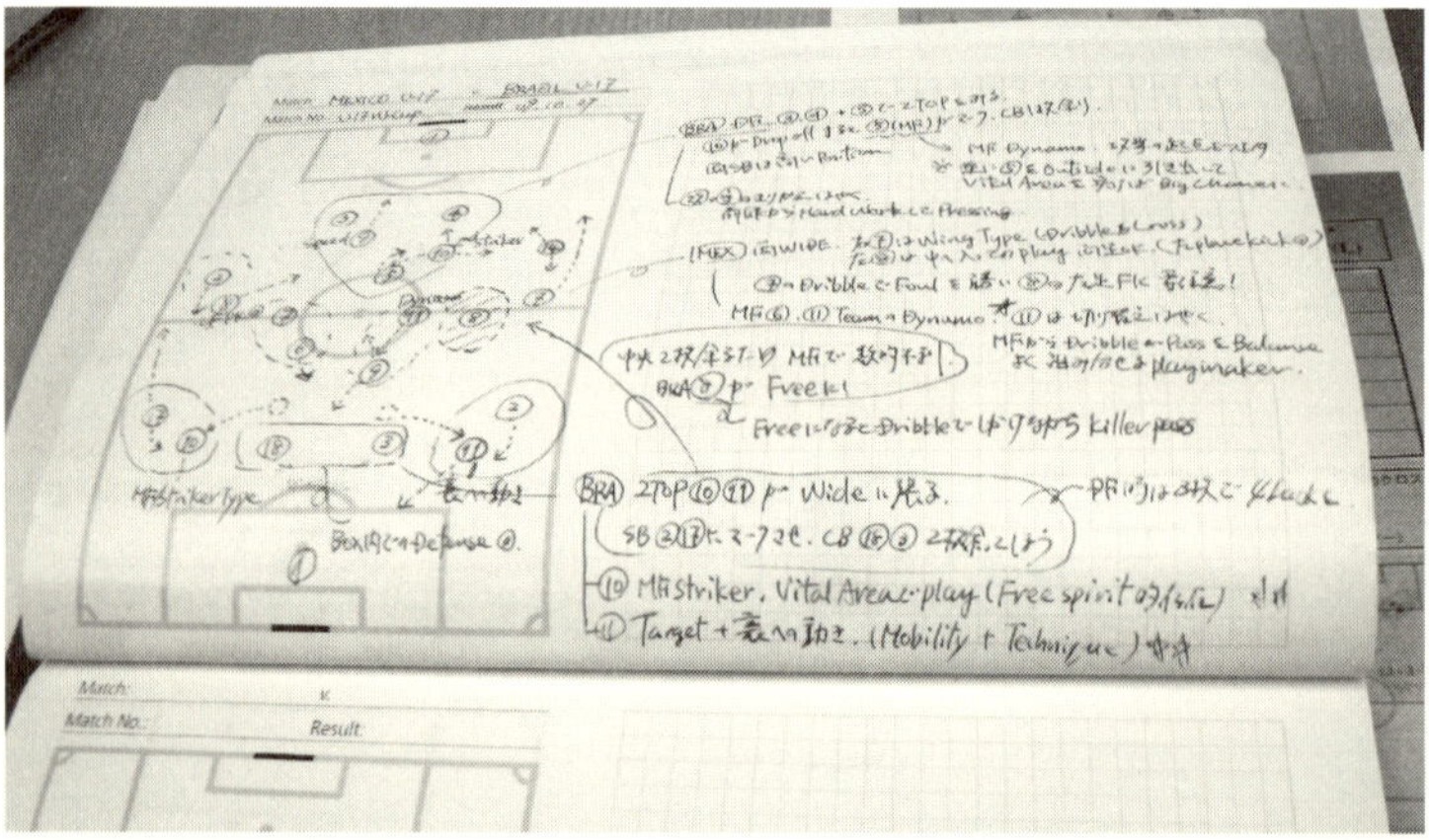

U-17ワールドカップ2009　メキシコ対ブラジル戦にて、著者が実際に書いたノート。左側にフォーメーション図、右側にメモ書きができるようになっている。

いると、持ち越していた課題の答えが見つかることがあります。そのプレーの5分前に流れが変わる兆候があったり、プレーと関係ない位置でカギを握る選手の動きがあったりするのが見えてくるのです。そういった箇所を見つけたときの喜びは大きいですし（悔しさが倍増することもありますが）、次に戦略を立てる際の参考にもなります。

一般のサッカーファンの方ならば、次の試合を楽しむ際のポイントになるのではないでしょうか。勝敗を分けるプレー、チームの意図が凝縮された瞬間というのは、だいたいその瞬間には気づかない意外なところにあるものです。

本当に優れた眼を持っていない限り、試合中に瞬時に疑問を解決するのは不可能です。だからノートを取り、ビデオで観返す作業が有効なのです。ノートを取る、ビデオで観返す、そうした作業を繰り返すことが、サッカーを「観る眼」を養う助けになります。

98年のフランスワールドカップでの岡田さんも気づいたことを1つのノートに時系列でどんどん書いていくタイプで、書き方は違えど似たような考え方のような気がします。

岡田さんは1枚1枚の紙にバーっと書きなぐっていき、それをまとめて綴じていくスタイルでした。何が課題でどのようなトレーニングをすべきか、あるいは選手にどのようなアプローチをして、その結果はどうだったのか。そこに記された一つひとつの蓄積は、今の代表チームのマネジメントにも生きているはずです。

実際にベンチで指揮しているときなどはメモを取れないので、岡田さんが感じたことを私がメモすることもよくありました。

「ちょっとこれ書いておいて」

「今のプレー、時間押さえておいて」

といったやり取りで、後でそれをまとめていきます。

ワールドカップが終わって、トレーニングノートを私にくれたのですが、大切に保管している宝物です。ノートを見ると、あのときの記憶が鮮明に甦ってきます。

私たちのようなプロのコーチに限らず、自分なりのノートを作ればサッカーの楽しみが増すと思います。ぜひ、ノートを取りながら試合を観てください。そして、工夫とアレンジを加えることで自分独自のノートを作り上げてみてください。

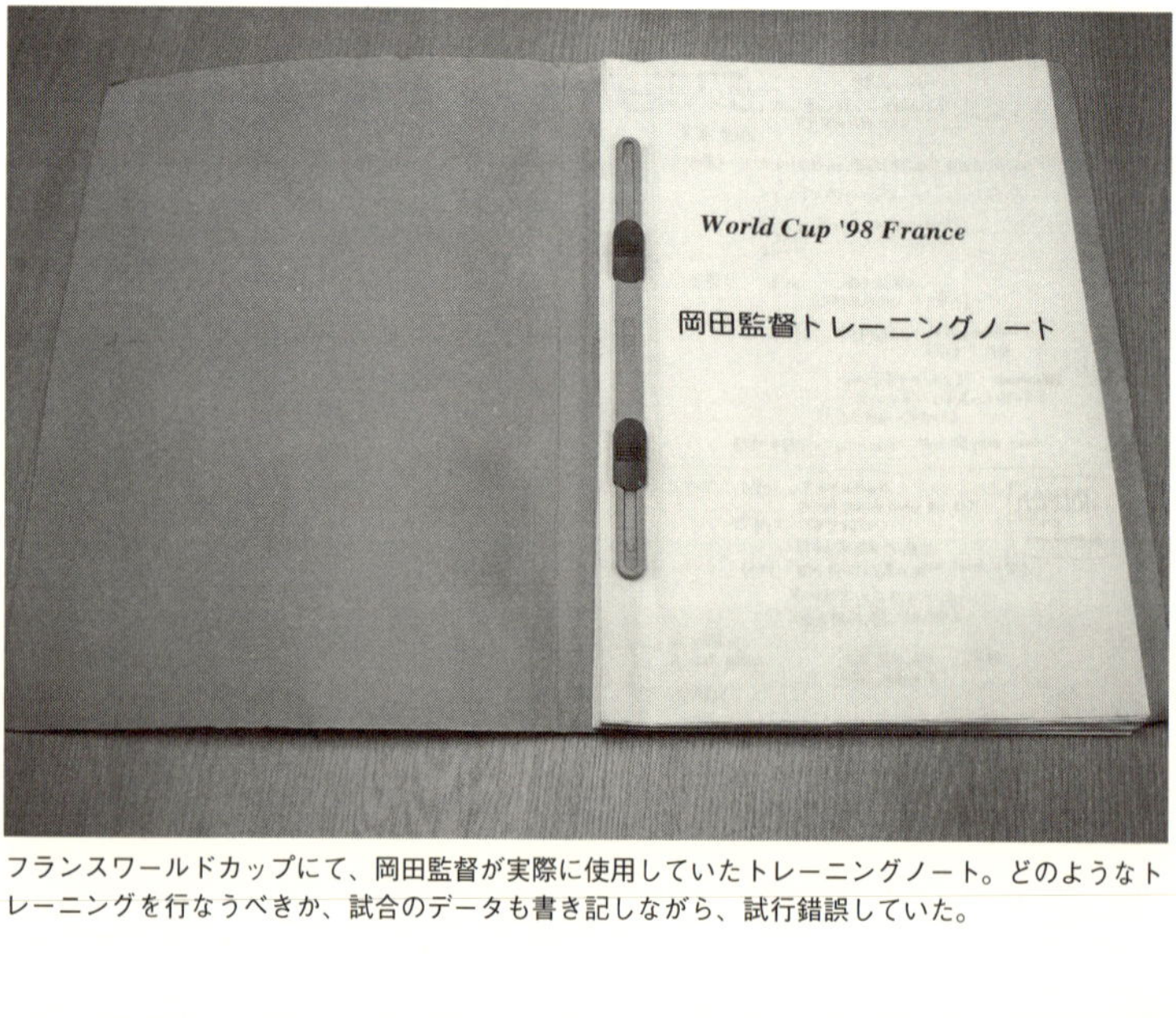

フランスワールドカップにて、岡田監督が実際に使用していたトレーニングノート。どのようなトレーニングを行なうべきか、試合のデータも書き記しながら、試行錯誤していた。

自チームを知ることから始める

相手のチームを分析することがスカウティング、と思われているようです。決して間違いではないものの、相手のチームを分析する以前に自分たちのチーム、ひいては選手たちを知ることを忘れてはいけません。

自分たちを知ってこそ、相手を分析した情報が生きるのです。ですから、己（自分たち）を分析することから始めるべきです。

彼を知り己を知れば百戦殆《あやう》からず

これは、あまりにも有名な「孫子の兵法」の一節です。

相手の力量をよく分析して、自分の能力や置かれた状況を十分に理解したうえで戦えば、何度戦っても敗れることはない。そのような意味だと理解しています。スカウティングはコーチの仕事の一部ですので、ここからコーチングの話にも触れていきたいと思います。

自分たちの分析は、コーチにとって極めて重要な作業です。しかもコーチは、正解が見えない段階でトレーニングメニューを考え、個々に投げかける言葉を選び、選手たちを指導する必要があります。

誰でも、このトレーニングをすればこんな結果が出ると断言することはできません。選手の能力や許容量、要するにポテンシャルは千差万別。コンディションは刻々と変化しますし、メンタル面を一定に保つのは至難の技。安定したパフォーマンスを見せ続けるのは、プロ選手であっても難しいことです。

そこに対戦相手の状況や調子、天候なども絡んでくるわけですから、「指導に正解はない」と言えるかもしれません。それでも、見えない結果を前にしつつ、勇気を持って決断を下して指導する、それがコーチの仕事。そのための分析なのです。

「結果論的な指導」はよくありません。

選手を見て、「ここが悪かった」「あそこを直した方がいい」と指導するのは簡単なことですが、結果を見て指摘するだけでは選手の成長の手助けにはならない。その指摘が正しかったとしても、選手自身が納得して、あるいは意図を理解して次のトレーニングに取り組むかどうかは微妙なところでしょう。

どんなプレーにも必ず選手の考えなり思いがあり、そのような結果になった原因があります。選手がなぜ困っていて、どこを改善すればいいプレーが出てくるのかを見極めていく。なぜボールを取られたのか、なぜシュートが枠に飛ばなかったのか、その原因を分析することが必要です。

コーチというのは、あくまで選手たちを導くのが仕事であって、頭ごなしにトレーニングさせたり、怒鳴りつけたりするだけでは結果は出ません。うまくいかない原因を探り、適切なアドバイスをすることで、選手たちが伸びていく手助けをする。分析は選手たちを助けるためにある、それが私の信念です。

また、チームの意図や狙いを理解することも大切です。まずは自分たちがやりたいサッカーのコンセプトを確認する。それに対して相手はどんなプレーをしているか。相手の動きに合わせて対応するという受身の発想ではなく、自分たちのコンセプトと照らし合わせたうえで相手のチームを分析していくのです。

自分たちのサッカーに対して相手がこういう手を打ってきたので、それに対抗するために次のプランを考えるという順番です。もちろん、実際の試合ではうまくいっている部分、思うようにいっていない部分を見極めつつ、試合展開に沿った臨機応変な対応が求められます。

とにかく、自分たちを知ることが大前提なのです。

分析結果を活かしたトレーニング

効果的なトレーニングには、入念な準備と明確な意図が欠かせません。

コーチというのは、いろいろな周期、いろいろな時計を基準に仕事を進める必要があります。だから、すべてが逆算になる。

例えば1日のトレーニングを考える場合。経験値の低いコーチは往々にして「どういう練習から始めようかな」と思いがちです。しかし、それは正反対。「どのように練習を終わろうかな」と考えるべきです。

特にリーグ戦を戦っている場合、前の試合の出来が大きなカギとなります。まずは前の試合を正確に分析する。そうすると、できたところとできなかったところが判明し、「今日は選手たちに自信をつけて終わりたい」とか、「ディフェンスで失敗してもいいから、このようなチャレンジをさせたい」といった狙いが導き出されます。「この課題だけはやっておきたい」と思うこともあるでしょう。

そこを基準にすると、練習の最後にこんなゲームをやっておきたい↓その前にもう少しシンプルなメニューの中で意図を明確にする必要がある↓だったら練習の最初のウォーミングアップはこうしよう、となるのです。

1週間の流れを考える場合にも逆算が必要です。

試合の前日は選手たちの自信をみなぎらせたいと考えます。そうすると、その前日にはいい形で課題を克服したい、前々日にはドカンと落とし込んでもいいから現実に目を向かせたい。そんなプランを立てられるのです。前の試合の出来がすごく良かった場合なら、その良さを続けるためのメニューが浮かんできます。

シーズンを通して考えた場合も同じです。開幕戦までにはこういう状態にしたい、というのが最初にあります。ならば、プレシーズンの試合でボロ負けしてもいいから課題を洗い出したいと考えたり、そこから築き上げても十分間に合うだろうと考えたりするのです。

コーチには、1日、1週間、1年というサイクルから逆算する能力が必要なのです。

今でこそ確かな方法論を持っている私ですが、自分なりのやり方を見つけるまでは何度も失敗を繰り返しました。

無理やりメニューを詰め込んで、何となくいい感じの練習になったと思い込んでいるときは失敗が多かったように思います。選手たちが自分たちの意思でやっているのではなく、言われたからやっている状況になってしまっている。

そんなときは、どこかでミスを犯しているのです。

怠《おこた》りがあったか、大事なことを抜かしたか、違う方法で進めてしまったか。

この練習を最初にやっていなかったことで失敗したんだなと気づくこともあれば、せっかくいい方向に進んでいたのに、やり過ぎて不安をあおってしまったと後悔することもありました。

コーチングには、その人の個性と人間性が出ます。

ある人にとっては成功するやり方でも、別の人にとってはそうでないケースが多々あります。それはパーソナリティが関係しているからです。まったく同じ性格の人間が存在しないように、コーチのアプローチ方法はさまざまです。

選手と同じような感覚で一緒に汗を流すコーチもいれば、仁王立ちでピリッとした空気を醸し出すコーチもいます。だから、人間性を無視してタイプの異なる人の真似をしても、選手たちはついてきません。自分に合った、自分なりのやり方を見つけるしかないのです。

成功しているコーチに共通しているのは、選手たちの心をつかめること。選手たちが言われてトレーニングするのではなく、自分たちから進んでやっていることです。

私自身、かなり頭を使いました。トレーニングメニューには緻密さが必要ですが、緻密そうに見せると選手たちは息が詰まります。本当は緻密であっても、現場ではおおざっぱなふりをしておおらかな空気を出さないと選手たちはついてこないこともあるでしょう。

選手たちは繊細なので、かける言葉は慎重に選ばなければなりません。言い過ぎてもダメだし、言葉足らずでも信用してもらえません。選手たちを混乱させずに、それでいて正しい方向に導くような声をかけるのです。

「この場合はどこへ行けばいいんですか？　カバーですか？」と選手に聞かれたとき、コーチが一緒に「う〜ん、どうだろうな」と悩んでいるようではチームがバラバラになります。そういうときは「こっちのカバーに行かないと、アイツが思い切って前へ出れないだろ」といったように具体的な指示を出さなければなりません。

コーチは、プレーの細かい部分に関しては自分の頭の中で詰めておくべきです。そのうえで、選手に明確な指示を出したり、選手の判断に委ねたりすればいいのです。要するに、引き出しをたくさん用意しておいて、その中から選手に自信を与える言葉を取り出せばいい。

理想的なトレーニングは、スカウティングで得た相手の弱みを言わなくても、トレーニングで自然と仕向けられるものだと思います。

リーグ戦の場合ですと、自分たちのチームを分析すると修正すべき課題が見えてきます。次に相手のチームを分析すると、ここを突きたいという弱点がわかってくる。

そういうとき、2つを重ねて考えることができれば、良質なトレーニングメニューを考えられるはずです。前の試合で浮き彫りになった課題を克服していくと、それが相手チームの対策にもなっている。2つの点を結んで線にするようなトレーニングを考えていくのです。

岡田さんもイビチャ・オシムさん(前・日本代表監督)も方法論の違いこそあれ、そういうトレーニングで構成しています。自分たちの課題を克服しつつ、相手の弱点を突くトレーニングを自然体でできたらと思います。そのためには自分たちのチームと相手のチームを徹底的に分析するだけでなく、分析した結果を咀嚼《そしゃく》する能力が必要になります。

心の内側に火をつけるのが本当のコーチ

私もコーチになる前は選手でした。中学・高校と専門の指導者がいなかったので、キャプテンだった私が練習メニューを考え、実践していました。そんなわけで、他の人よりは「練習は自分で考えるもの」という意識が強かったのかもしれませんが、所詮は代々行なわれてきたトレーニングを踏襲していた面は拭えません。

専門的な理論も持たずに高校、大学とガムシャラにトレーニングしてきた中、大学3年のとき、ドイツ留学から大学院に戻ってきた田嶋幸三さん（現・日本サッカー協会専務理事）の指導に出会ったことは、非常に大きな衝撃でした。それまでは、与えられたトレーニングに取り組むだけで、練習が何のためにあるのか、どんな効果があるのかなんて、思いを巡らせることもありませんでした。

サッカーの魅力を論理的に、深く掘り下げて教えてくれた田嶋さんとの出会いによって、私はトレーニングの意図を理解しただけでなく、サッカーというスポーツの面白さに気づいたのです。それは、私が真のコーチングに目覚めた瞬間だったように思います。

その後、副キャプテンを務めた大学4年のとき、ケガで半年間プレーできなかったこともあり選手としての自分に区切りをつけて、本格的にコーチの勉強をしたいと思うようになりました。大学院に進みコーチ学の勉強をするかたわら、イングランドに留学。そこから足を伸ばし、ヨーロッパのさまざまな国でサッカー、そしてコーチングを学ぼうと躍起になっていました。そして、現地でいろいろなものに触れ、感じた中で、最も大切なものは足下にあることにも気づきました。

すなわち、練習を押しつけるのではなく、選手たちの心の内側に火をつけるのが本当のコーチなのだと。それまで頭ごなしに「やれ！」と言われる指導に慣れていた私にとって、それは驚きをともなったうれしい発見でした。

結局、どんなカテゴリーのコーチでも、求められる資質は同じではないでしょうか。私自身、幼稚園からプロ、そして代表チームまで、すべてのカテゴリーで指導を経験しましたが（これだけはちょっとした自慢なのですが……）、大切なのはどうやって選手たちのやる気を呼び覚ませるかでした。幼稚園児であれ、プロ選手であれ、そこに大きな違いはありません。

選手たちをやる気にさせる本当のコーチとは、理論に裏付けられた説得力のある言葉を持つ人のこと。それともう1つが「人間力」、人を惹きつける力を持った人です。最終的に選手たちを動かすのは「あの人のためにがんばろう」という気持ちだったりします。

ですから、説得力のある言葉と「人間力」を持ち合わせたコーチが、選手の心臓をグッとつかむことができるのです。私自身、そういう人間に惹かれてきましたし、今でもそういう人間を信用しています。

Chapter 2

スカウティング術の
ノウハウ

相手チームをスカウティングするときは、押さえておくべきいくつかのポイントがあります。あくまで目安ではありますが、**【システム】【プレースタイル】【攻撃・守備の中心選手】【攻撃パターン】【守備パターン】【選手個人の能力】【セットプレー】**あたりが項目として挙げられます。

この章では、実際に私が相手のチームをどのようにスカウティングしているのか。それらの項目に沿って説明していきましょう。

【システム】

並びを見て足し算・引き算をする

最初に確かめるのが、**システム**（フォーメーション）です。4－4－2なのか3－5－2なのか、あるいは4－2－3－1なのか。私自身並び自体にはそれほど重要性を感じていませんが、その奥にある意図を探るために押さえておくのです。

そうすると、4－4－2だけどFWが縦関係になっているとか、3－5－2だけど両サイドはウイングバックで5－3－2に近い、ということがわかります。

その次がマッチアップの確認。自分たちが3バックで相手が2トップの場合、相手の2トップをＤＦの３人が見ているると判断するのです。

両チームのフォーメーション図があれば局面局面の攻防をイメージしやすくなります。相手の2トップの右サイドの選手がボールを持ったときは、自チームの左のボランチとセンターバックが挟む形になるとか。相手の最終ラインにボールがあるときは一番近いＦＷがプレッシングに行き、中盤のポジショニングはこのようになるとか。

試合中「ここにボールがある場合」を何パターンか想定して、両チームの選手たちが取るだろうポジションをイメージするのです。フォーメーションとマッチアップを確認すると、どの場合に数的優位を取ろうとしてその代償をどこで払っているか、すなわちどこが数的不利になっているのかが見えてきます。

またフォーメーションを見るときに大切なのが、「サッカーは11人対11人で行なう」という基本を忘れないことです。「そんなことは知っているよ」と誰もが思うでしょうが、後から度々出てくるように実に奥深いものなのです。

おおよそのコーチは数的優位を作るのに選手を1人余らせたい（フリーの選手を作りたい）と考えるものです。攻撃を考える場合でも守備を考える場合でも、数的優位を作るのは重要なポイントになります。

最終ラインを例にすると、リベロのような形で1つ後ろに余らせるのか、ボールのサイドに寄せて逆サイドに余らせるのか、あるいは思い切って最終ラインの前に余らせるのか。11人という数字を念頭に足し算、引き算をするのです。その計算こそが采配の楽しさです。

1人余らせる、つまりプラス1にするためには、どこかをマイナス1にしなければなりません。ここはフリーにしても構わないという選手なり、ポジションなり、あるいはエリアなりを決めるのです。当然、弱みのマイナス1の部分を相手に気づかれるとまずい。だから、いかに相手をだますか。私たちはその工夫のことを「砂をまぶす」と言います。

数的優位を作りながら、いかに砂をまぶして隠すのか。そこを突き詰めることこそコーチの仕事の醍醐味の1つで、そのための足し算、引き算をするうえで最もベースとなるのが両チームのフォーメーションなのです。

▼▼▼トップの配置から攻撃意図を読む

相手のFWが何枚か、トップの配置も確認します。

1トップの場合、いくつかの意図に分けて考えることができます。

1つは、中盤を厚くすることで守備面のリスクを軽減して、1トップをターゲットに少ない人数で攻撃を完結させ、そのぶん**守備を重視しようとする考え方**。ヨーロッパでは格上のチームに挑む格下のチームが、「勝点1でもOK」の価値観が浸透しているアウェイで採用することの多いシステムです。

もう1つは、1トップの周りにあるスペースを有効活用して、2列目、3列目の選手が果敢に飛び出していく**攻撃を重視した考え方**。その中でも例えば、リバプール（イングランド）のようにフェルナンド・トーレスがトップに張って、スティーヴン・ジェラード、ディルク・カイト、ヨッシ・ベナユンといったさまざまな選手が飛び出してくるコンセプトもあれば、ルチアーノ・スパレッティ監督率いるローマ（イタリア）がフランチェスコ・トッティを1トップに据えたときなどは、トッティまでも中盤に下りてきながら逆に中盤の選手が前線に出ていく、**ゼロトップ**とも言われる考え方もあります。

今の日本代表も誰かがターゲットマンとして中央に張るというよりも、入れ替わり立ち替わりさまざまな選手が飛び出していくことをより重視しているコンセプトと言っていいでしょう。

同じ1トップでも、ポジションを固定したうえでロングボールを多用する前者と、ポジションを流動的に変えながら多くの選手がゴールに絡む後者では、戦ううえでのコンセプトが正反対にあるとも言えます。攻撃にかける人数を少なくしたいための1トップなのか、逆に多くの人数が前線に飛び出せるようにするための1トップなのかということです。そのようなチームと対戦する場合は当然、1トップというシステムの本質的な違いを見極める必要があります。

近年、1トップで戦うチームが増えてきたとはいえ、**2トップ**も世界的にみれば多くのチームが採用しているシステム。とはいえ、チームごとにそのコンセプトは微妙に異なっています。

まず、**2トップが2人ともセンターに位置するタイプ**。ウェイン・ルーニーとディミタール・

ベルバトフとを並べたときのマンチェスター・ユナイテッド（イングランド）、やはりニコラ・アネルカとディディエ・ドログバをトップに並べたときのチェルシー（イングランド）などが挙げられます。

ＦＷの２人ともが身体を張ったポストプレーがうまく、裏への飛び出しもできるフィジカルの強いＦＷでなければこのシステムは機能しないので、日本では採用できるチームはそう多くないかもしれません。

２トップの中で比較的多いのが、**１人がターゲットマンとして張り、もう１人が衛星的に動き回るタイプ**です。衛星的な動きをする選手をシャドーストライカーと表現することもあります。世界のトップクラブでは、エマニュエル・アデバヨールをターゲットマンとして、カルロス・テベスがその周辺を動き回るマンチェスター・シティ（イングランド）だったり、カリム・ベンゼマとラウール・ゴンサレスがコンビを組むレアル・マドリー（スペイン）が挙げられるでしょう。

Ｊリーグでは、ヨンセンと岡崎慎司の清水エスパルス、ケネディと玉田圭司の名古屋グランパス、長谷川悠と古橋達也のモンテディオ山形などが、高さのあるＦＷとスピードのある小柄なＦＷという構図を描いています。

変則的な２トップとしては、２００９年のコンフェデレーションズカップで準優勝したアメリカが挙げられます。２トップのアルティドールとデイビースは、中央の位置から左右のスペースへと意図的に流れ、中央の空いたスペースにデンプシー、ドノバンといった中盤の左右に張り出していた選手が入り込んでチャンスを作るというものでした。

この原型は、80年代に「シャンパンサッカー」で世界中を魅了したフランス代表のスタイルに遡ることができます。当時のフランスはドミニク・ロシュトーとディディエ・シスの2トップが両サイドにウイングのように広がり、中央にできたスペースにMFミシェル・プラティニが上がってくるというスタイルでした。プラティニという特別な選手がいたからこその戦術ではありますが、戦術とはそもそも選手たちの特長を引き出すためのものという事実を端的に示してくれたサッカーでした。

3トップ　固定タイプと流動タイプ

3トップの場合、3人のポジションを中央とサイドに固定するタイプと、流動的に入れ替えるタイプの2種類があります。

まず、両サイドにウイングを配置し、**ポジションを固定するタイプ**としては、3－4－3のシステムで一世を風靡《ふうび》した頃のアヤックスがその典型でしょう。パトリック・クライファートが中央に張り、マルク・オーフェルマルス、フィニディ・ジョージといった1対1で勝負できるドリブラーがウイングのポジションから仕掛けてくる。

全体のポジションはあまり崩さず固定してくるので、その意味でソリッド（固形体）と呼ぶ人もいます。ドログバを中央に据え、アリエン・ロッベン、ジョー・コールのドリブラーが左右で仕掛けるモウリーニョ監督の頃のチェルシーもこれに近いでしょう。

このタイプの3トップと、例えば4バックで対戦する場合、サイドにボールがあると4バックは互いのカバーからボールサイドに絞らざるを得なくなる。そのときに大きくサイドチェンジを入れられると、どうしてもDFの対応が遅れてサイドで独立した1対1の形ができやすいので、注意が必要です。

これはバスケットボールの戦い方、1対1が得意な選手の持ち味を引き出すために意図的に片方のサイドに偏らせ、独立した1対1の状況を作り出す「アイソレーション」と呼ばれる戦術に近い考え方です。

次に選手を**流動的に入れ替える3トップ**としては、小さい三角形を中央に作るタイプ、ときに1トップ&2シャドーと言われるスタイルがあります。

私も、U－21日本代表を率いて2002年のトゥーロン国際大会で3位に入賞したときに、中山悟志（現・ロアッソ熊本）、松井大輔（現・グルノーブル／フランス）、山瀬功治（現・横浜F・マリノス）といった選手たちの特長を引き出すために、この3トップを採用しました。

このスタイルは、とにかく3人が流動的に動く必要があります。ときにフルード（流動体）と呼ばれる戦い方で、FWの1人がボールを持った瞬間にもう1人が一気に動き出す、同時に残る

1人も連動して動く。3人が常に動きながらゴールに迫る戦術です。

ただし、この場合は3人が比較的近い距離を保つことになるので、空いたサイドのスペースを突いていくためには攻撃力のあるサイドバックが必要になります。両サイドが積極的に上がってスペースを突き、前線に多くの選手が絡むことで、ゴール前で流動的に動く3人が生きてくるのです。トゥーロン国際大会で世界と戦ったU－21代表には、駒野友一（現・ジュビロ磐田）、石川直宏（現・FC東京）、中里宏司（現・湘南ベルマーレ普及部コーチ）など優れたサイドアタッカーがいました。

いずれにせよ、FWの配置や動き方から、そのチームの攻撃に関する志向が見えてきます。

例えば2トップの場合。FWの1人が前へ出て、もう1人が中盤に下がったときに、どちらにボールを入れるのか。ドイツ代表を観ていると7、8割は相手のゴールに近い選手にボールを入れていることがわかります。逆に、引いてきた選手に一度ボールを預けて、そこから崩しを試みる。すなわち、バイタルエリアを攻略し、そこから裏を狙ったりサイドを崩しにかかってきたりするチームもある。そんなところにチームの志向が表われるのです。

現在、日本代表の前線は流動的なスタイルで戦っています。

1トップだろうが2トップだろうが、流動性を大事にしています。1つのボールに多くの選手が関わっていくことは、世界の中でも日本の秀でた部分であると思います。

ポジションを固定してやみくもに1対1の局面に持ち込むよりも、流動的にいろいろな選手が関与するほうが優位に立つ可能性が高いでしょう。柱となるドログバのような絶対的なFWが出てくれれば別ですが、入れ替わり立ち替わり次から次へと選手が飛び出していくことができれば、相手にとっては脅威になります。「まだ出てくるのか、頼むから勘弁してくれ」と思わせるようなサッカーを志向しているのです。

【プレースタイル】

▼▼▼プレースタイルの傾向を把握する

相手のチームがどのようなスタイルで戦っているのかを見極めることができれば、対策を立てやすくなります。スタイルといっても、はっきりと分けられるものではなく、どのような傾向が強いかという話になります。

大きく分けると、自分たちでボールをつないで攻める**ポゼッションプレー**と、できるだけ早くFWにボールを当てて攻める**ダイレクトプレー**が挙げられます。

世界でいえば、オランダはポゼッション、ドイツやイングランドはダイレクトの傾向が強い。とはいえ、あれだけテクニックのあるブラジルが最近ダイレクトプレーの意識が強くなっていることを考えても、監督や選手によって変化するのが当たり前です。

Jリーグでは、ガンバ大阪や鹿島アントラーズはポゼッション、浦和レッズ、川崎フロンターレ、少し前のFC東京あたりはダイレクトの意識が強いと感じます。

ダイレクトプレーを志向するチームは、引き気味に守備のブロックを作ってカウンター攻撃を狙っているかというと、そんなことはありません。アルゼンチンのように、前線から思い切ってプレッシングをかけてボールを奪い、そこから一気にゴールを目指すチームもあります。

つまり、同じダイレクト系であっても、アクション系、リアクション系、個人技主体的、組織的などがあり、傾向はあっても特色が独立していることは少ないのです。すべてがグラデーション。白か黒かではなくて、より白に近いか、より黒に近いかという分析になります。

要するにチームの特徴を1つの尺度で測るのは、ほとんど不可能で、さまざまな要素の組み合わせで考えていくものなのです。

そうなると、対策も複合的な要素を考える必要があります。

ダイレクトの傾向が強いチームに対しては、ボールを失った瞬間に縦方向へのパスに注意するといったセオリーはあるにしても、1つの尺度で決めつけるのは良くない。傾向を押さえるのは1つのポイントですが、そこに縛られては逆効果になります。

あのチームはポゼッションだからこの戦略でいくとか、ダイレクトだからこう戦おうということではないのです。ポゼッションの傾向が強ければ、どの選手とどの選手がホットラインを築いていて、誰に一番ボールが集まっているのかを探っていく。そして、この選手を抑えればハブがなくなった自転車の車輪のようにチームはバラバラになる可能性がある。そんな分析に基づいて戦略を練っていきます。

得点パターンと失点パターン

また、そのチームの**得点パターン・失点パターン**に眼を向けると、そこから攻守のキーマンやホットライン、攻略できそうな弱点など、いろいろなことが見えてきます。そのチームの長所・短所が如実に表われることの多い得点パターン・失点パターンは、細かいスカウティングのための入り口となり得ます。

例えば、左サイドから崩されるパターンが目立つチームがあったとします。

そんなとき、失点シーンだけでなくピンチになった場面もチェックしてみると、そのチームの穴に気づくことがあります。左サイドバックが悪いのではなく、FWのプレッシングが甘いから中盤が数的不利になり、そこからいつも崩されているとか。そこがわかれば、試合のときに同じ状況に持ち込めるのです。

得点パターン・失点パターンに関しては1試合で判断するのではなく、ビデオ分析も含めて数試合分のデータを蓄積することでさらに精度は高まっていきます。

【攻撃・守備の中心選手】

▼▼▼攻守のキーマンはどんなタイプなのか

攻守のキーマンがどのようなタイプの選手かを分析していきます。いわゆる攻撃・守備の中心選手が誰かということです。

今シーズンからレアル・マドリーでプレーするカカは、世界トップクラスの**プレーメーカー**（攻撃を組み立てる選手）と言えるでしょう。ＦＩＦＡクラブワールドカップ２００７にて、ミランの一員として来日したカカのプレーには衝撃を受けました。

浦和レッズと対戦した準決勝。カカが繰り返していたボールのないところでの動きが決定機を作り出しました。例えば後半16分、ゴール前でフリーになったクラレンス・セードルフが胸トラップからダイレクトで左足シュートを放ったシーンです。「どうしてあそこでフリーになれたんだ？」とビデオを繰り返し観てみると、カカの動きがカギだったことに気づきます（**図3**）。

ちなみに、このシーンは日本サッカー協会のS級ライセンス取得講習会でも使用しましたが、それを見抜くにはJリーグの監督を目指すレベルでもなかなか難しいポイントでした。

カカは、左サイドから右サイドに長い距離をグーッと走り、そこからもう一度左に大きく動き直していました。それまでにもカカにやられていた浦和の選手たちは、カカの動きに完全に引きつけられていました。結果、セードルフの動きをケアできずフリーにしてしまった。

あのシーン、カカ自身は直接プレーに関与していませんでした。にもかかわらず、決定機を作り出したのは間違いなくカカのフリーランニングだったのです。

カカにはクリスティアーノ・ロナウドのような派手さはないかもしれませんが、ボールを持ったオンザボールのときに素晴らしいテクニックを誇るばかりか、ボールと関係ないオフザボールのときにもゲームを組み立てる能力があるのです。

そのときはFIFAテクニカルスタディグル

図3　カカのフリーランニング（クラブW杯 浦和レッズ対ACミラン 2007.12.13）

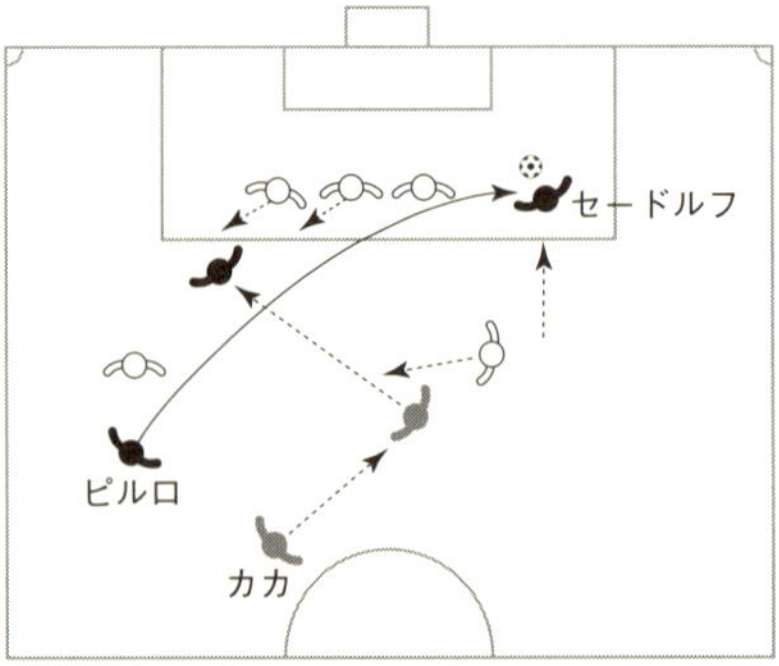

カカが左サイドから右サイドへ走り、そこから
左に動き直したことで、DFが引きつけられ、
セードルフがフリーになった。

——→ ボールの動き　……→ 人の動き

ープ（TSGと呼ばれる試合を分析するためのメンバー）だったので、何人かにインタビューすることができました。クラブワールドカップの決勝戦で敗れたボカ・ジュニアーズ（アルゼンチン）のあるDFは「前線でFWとして張っていれば抑えられたけど、カカはいつも深い位置から飛び出してくるので抑えられなかった」と話していました。

カカのような選手こそ本当に注意が必要な選手で、チームの攻守を操るプレーメーカーなのです。

ミランには、フィリッポ・インザーギという**ゴールゲッター**もいます。DFラインの裏を取る動きに長けた世界的なストライカーです。彼もまたボールのないところ、オフザボールの動きに優れた攻撃のキーマンです。

インザーギは、決して屈強な身体を持っているわけでも、スーパーなテクニックを持っているわけでもありません。しかし、DFラインの裏を取るための動き出しの速さ、斜めに走るフリーランニングの質、ボールを見ることなくピッチを横切る勇気などは特筆に値します。

そして、いつの間にかゴール前に現われてゴールをかすめ取る。ボールを受ける前に勝負をつけてしまうタイプです。ゴールの嗅覚を持つ選手は要注意。日本では佐藤寿人（現・サンフレッチェ広島）がその代表格でしょう。

ホットラインにも注意が必要です。どのチームにも、絶妙なコンビネーションを見せる2人の選手がいるでしょう。

ホットラインとは実際どのようなものなのでしょうか。優れたパサーは、ボールを受けたときに必ず第一に見る選手がいるようです。例えば日本では、二川孝広（現・ガンバ大阪）と、かつて一緒にプレーしていた大黒将志（現・東京ヴェルディ）のような関係です。ただし、ボールを受けてからいきなり目を合わせて考えるのは不自然です。ということは、常に互いにアイコンタクトをかわしていると考えるべきでしょう。

ほかにも、川崎フロンターレの中村憲剛とジュニーニョ、浦和レッズのポンテとエジミウソン、鹿島アントラーズの小笠原満男とマルキーニョスなど、2人だけで試合を決めてしまう選手たちがいます。

アトランタ五輪で対戦したブラジル代表にも2つのホットラインがありました。

当時のブラジルの2トップはベベットとサビオ。ベベットはリバウドがボールを持った瞬間に走り出します。リバウドは必ずそこへパスを出す。むしろ、リバウドはボールを持った瞬間、あるいはボールを受ける前にベベットの動きを感じているのです。

もう1人、ジュニーニョ・パウリスタはボールを持つと必ずサビオの動きを見ていました。当然サビオは、ジュニーニョ・パウリスタがボールを持つか待たないかの瞬間、必ず来るだろうパスを信じて走り出していました（**図4**）。

私たち日本のコーチングスタッフは選手たちに、リバウドがボールを持ったときは特にベベットの動きに、ジュニーニョ・パウリスタがボールを持ったときは特にサビオの動きに気をつけるよう指示を出していました。お互い本能的に何かを感じ合ってプレーしているホットラインに対しては、特別の予測を立てる必要があるのです。

守備の選手に関しては、ディフェンスラインの上げ下げをコントロールしたり、攻撃面でも組み立ての中心となる**リーダー的な選手**とその逆の**穴となる選手**を見分けることが大切です。そうすれば、穴となる選手を徹底的に攻める、あるいは穴となる選手にボールを持たせるようなディフェンスをしてDFリーダーに仕事をさせない、という戦い方ができます。

この方法が思い通り功を奏したのがアトランタ五輪のアジア地区最終予選の準決勝、2－1で勝利したサウジア

図4　2つのホットライン（アトランタ五輪 対ブラジル戦 1996.7.21）

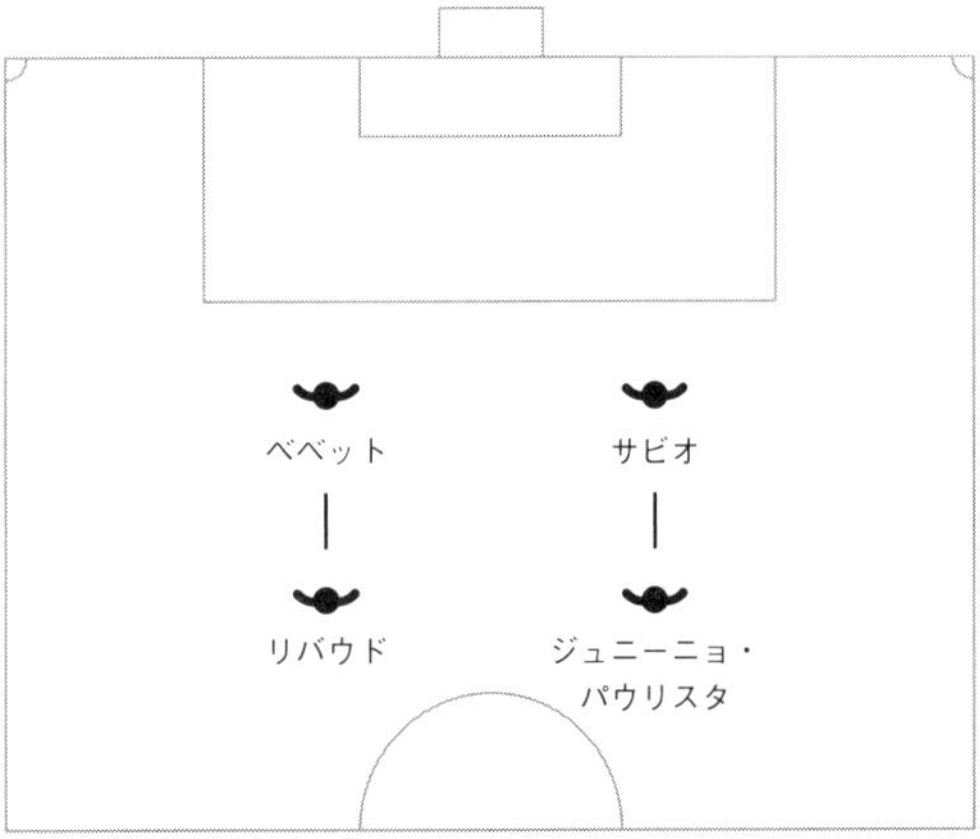

リバウドがボールを持ったら、ベベットが走り出し、そこへパス。パウリスタとサビオも同じような関係で、ホットラインを形成していた。

ラビア戦でした。

詳細は後ほど説明しますが、サウジアラビアの最終ラインは4バックで、中央にはズブロマウィとマルズークの2人がコンビを組んでいました。ズブロマウィはキャプテンで能力の高いセンターバックでしたが、もう片方のマルズークはそれほどテクニックのない選手。日本は、前線から追い込むような形でプレッシングをかけて、マルズークが起点となるように仕向けたのです。マルズークはビルドアップの能力があまり高くなく、彼のパスミスを奪って逆襲するシーンを何度か作ることができました。あの試合は、面白いぐらい戦略がはまった試合でした。

【攻撃パターン】

▼▼▼ 数的優位をどこで作ろうとしているのか

攻撃パターンに関して分析する際に、まず確認するのが**ビルドアップ**です。最終ラインから中盤にかけた構成と、そこでのビルドアップの方法を観れば、そのチームが、どこで、どのように数的優位を作ろうとしているのかが見えてきます。

最終ラインの構成を考えていきますと、3バックか4バックが基本になります。

3バックは、最終ラインが3枚なので中盤で数的優位な状況を作りやすく、トップ下も置きやすい。ただ、3バックの外側はどうしてもボールを流し込まれやすくなります。

一方、**4バック**には4バックの利点がありますが、ビルドアップするときに相手が2トップだとすると、フィールドの横68メートルを4人でパス回しをすることになるので、中盤で数的優位を作るのが難しくなります。

そんなとき4バックのチームはどうするのか。両サイドバックを少し高めの位置に上げて中盤に厚みをもたせる。あるいは片方のサイドバックを思い切り上げて張らせて、後ろを3枚に減らしながらそのサイドの中盤1人をトップ下に持っていく、などがよくあるパターンです。つまり、ビルドアップのときは3バック的なボールの動かし方をしようというものです。

時には両サイドバックとも中盤の位置まで上げる方法もあります。サンフレッチェ広島の監督時代によく行なっていたのですが、両センターバックを開かせて、両サイドの駒野友一と服部公太（現・サンフレッチェ広島）を中盤に押し上げ数的優位を作る。その代わりにボランチの森﨑和幸（現・サンフレッチェ広島）が両センターバックの間に顔を出しながらバランスを取って、ビルドアップをしていました。もちろんそこには、森﨑和幸の組み立て能力、駒野&服部の高い攻撃能力といった特長をより活かしたいという狙いもありました。

今では、スペイン代表も似た形のビルドアップをしています。両センターバックが開くとともにサイドバックを高い位置に押し出し、センターバックの間にシャビ・アロンソが顔を出しボールを引き出すといった形です。

次に**ボランチ・中盤の構成**。

中盤を4人で構成しているとしても大きく分けて、横に4人並べる**フラット**と呼ばれるものや、2人2人が縦に並ぶ**ボックス**、1人のアンカー（碇のように中盤の底でプレーする選手）と1人のトップ下で構成する**ダイヤモンド**などがあります（**図5**）。

とはいえボックスもフラットも、それは選手の特性をより活かそうとするために適用するもので、そこには明確な境界線のない、言わばグラデーションのようなものです。その中でいかに選手を動かして数的優位を作るか、あるいは数的優位を作らせないかが勝負を分けるのです。

ボランチ・中盤の構成のダイヤモンドですが、個人的には好きな形で、流動的なプレーが生み出しやすくなると思っています。

私自身、サンフレッチェ広島で多用していまし

図5　中盤が4人の配置例

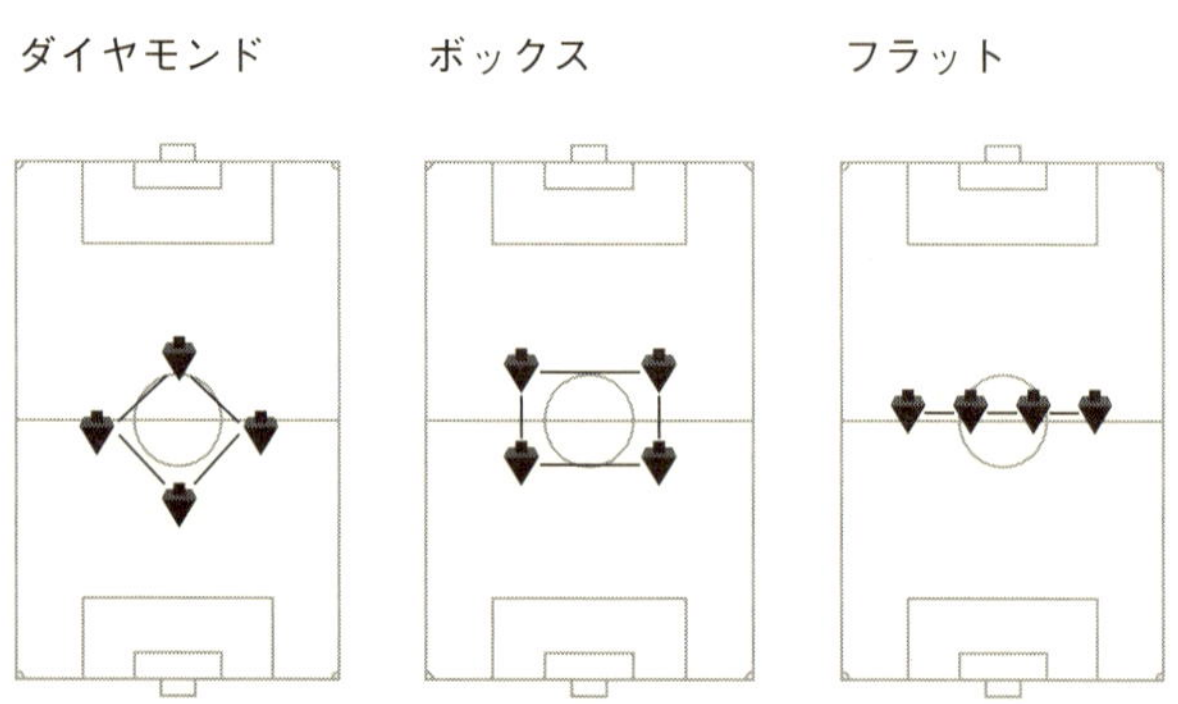

た。ダイヤモンドはトップ下を置けるので、基本的に中盤で数的優位を作りやすくなります。攻撃のとき3人がポジションを上げれば、ある程度数的優位を作ることができるのです。

ただし相手が2トップにトップ下を置いてくると、最終ラインでの数的優位を作り出すのが難しくなり、マッチアップする1ボランチの動きが制限されます。

両サイドのMF2人が引いて3ボランチ気味にするのも1つの対策ですが、良さも同時に消えてしまう。2トップとトップ下に対して、守備の局面では逆サイドが大きく絞って2ボランチが形成できれば補うことができるので、かなりの運動量を要求されますが、その方法もあります。ただし、その場合想像の通り逆サイドにその代償を払っているので、大きなサイドチェンジを頻繁に許してしまうと非常に苦しい展開になる。ダイヤモンド型の相手と対戦する場合には、このあたりの駆け引きが生まれます。

ダイヤモンドの良い点としては、4バックでトップ下を置けるシステムなので、マイボールになったときに機能しやすい。1ボランチのタイプにもよりますが、1人でしっかりディフェンスできる選手なら、その他の選手たちがある程度攻撃に専念できます。また1ボランチが異なるタイプでも、中盤に高い守備能力を持つ選手がいれば、ダイヤモンドの弱点を補うことができます。

ACミランが好例でしょう。決定的なパスを供給できるアンドレア・ピルロが1ボランチの位置にいますが、守備面で彼をフォローしているのがジェンナーロ・ガットゥーゾです。あきれるぐらいの運動量でピッチを走り回り、果敢なプレッシングで相手ボールを奪ったり、ピンチのときにはゴール前まで絞ってスライディングしたりするガットゥーゾがいるからこそ、あのシステムが成り立っているのです。

▼▼▼スペースをどのように作ろうとしているのか

どのようにスペースを作り、どのようにスペースを使うのか。スペースクリエイトのパターンをチェックしていきます。

パターンとしては、1人がサイドに流れたとき、その空いたスペースに必ず1人のFWが顔を出すといったように、**ポジションごとにチームとしての約束事がある場合**。それと、FWの1人が中盤に引いてきたとき、必ずアウトサイドの選手が入っていくといったように、**特定の選手の動きが決まってくる場合**とがあります。一人ひとりの個性と相性を照らし合わせて何パターンか用意しているチームが多いような気がします。

どのようなスタイルでスペースを作るかには、FWの持ち味も関係してきます。FWには、**リアクションで動くのが得意な選手**と、**自らのアクションで動ける選手**がいます。もちろん、これは選手のタイプであって、どちらが良い悪いの問題ではありません。

前田遼一（現・ジュビロ磐田）は、誰かの動きに応じてすぐさまそれを利用した動きをするのに秀でた選手です。誰かが空けたスペースに走り込んでボールを受けたりといったプレーです。

玉田圭司や、大久保嘉人（現・ヴィッセル神戸）は自分でドリブルを仕掛けるのも得意ですが、どちらかというと周囲の動きを利用したリアクションタイプ。誰かが動いた瞬間、そのスペースに顔を出すのが得意な選手です。このような選手がいることで、連動した動きを作り出すことができます。

同じタイプのＦＷ同士ですと、攻撃はなかなか機能しません。そこで組み合わせが問題になるのです。岡崎慎司、田中達也（現・浦和レッズ）のように自らのアクションでスイッチを入れられるタイプと、それに伴って動きを連動できるリアクションタイプの選手を組ませると、連動性が出てきてスペースクリエイトがしやすくなります。

中盤も、同じようにタイプの違う選手を組み合わせています。**攻撃力のあるＭＦと守備力のあるＭＦ**。攻撃に関しては、**長い距離を走るのが得意なタイプ**と、**パスセンスのあるタイプ**に分けられます。使われる選手か使う選手か、そんな言い方もできると思います。

とにかく、軸となる選手同士がどのように組み合わされているのか、そこを把握します。ターゲットタイプ、ドリブラータイプ、スペースへ飛び出せるタイプ、展開力に優れたタイプ……、選手全員がすべてのタイプを備えていることはあり得ません。選手の特性を把握して、最適な組み合わせを考えて、選手をピッチに送り出しているのです。

ただし、ターゲットタイプとドリブラータイプを組み合わせたとしても、2人ともリアクションで動くのが得意だった場合は、スイッチが入らず噛み合いません。そんなときは、ドリブルの破壊力は少し落ちるけど、ターゲットタイプとの相性を考えて、アクションタイプの選手を使おうとか。スタートはこの2人を使うけど、後半の勝負どころでこの選手のドリブルを活かそうなどの工夫をすることもあります。

中盤のディフェンス面でも同じことが言えます。**積極的にプレッシングに行けるタイプ**と、**鋭い読みでインターセプトを狙えるタイプ**を組み合わせるのが基本でしょう。読みが鋭い選手を並べるとプレッシングがかかりづらく、前へ出る選手を並べるとポカッと穴が空く危険がある。

いずれにしても、チーム全体においては、タイプの異なる選手をバランスよく組み合わせているものなのです。

▼▼▼カウンターの起点になる選手を捕まえる

カウンターのパターンは、高い位置でボールを奪ってのショートカウンターや、リトリート（ほぼ全員が自陣あたりまで下がる守備戦術）して前方のスペースに**ロングボールを入れるカウンター**などがあります。

能力の高い1人、2人がカウンターを仕掛けてくるチームに対しては、自分たちが攻めているとき、残っている選手に対するポジショニングが重要になります。また、**コレクティブカウンター**といって、細かいパスをつなぎ人数をかけて迫ってくるチームに対しては、それに加えて中盤の切り替えを早くして対応することが求められます。いずれにせよ、チームのカウンターには一定のパターンがあります。

そして往々にしてキーとなっているのは、最後にシュートに持っていく選手ではなく、目立たずとも起点となる選手であることが多いものです。前線に張っている選手はつかみやすいものの、さぼっているようで実はカウンターに最適な中間的なポジションを取っている選手などは、しっかり捕まえておかないとピンチにつながります。

サイドアタックとクロスの傾向

サイドアタックとクロスの傾向にも注意を払ってみてください。

まずはサイドの使い方。**いろいろな選手が飛び出してくるチーム**なのか、**オーソドックスなウイングが張って勝負してくるチーム**なのか。それによって対応が変わります。

クロスの傾向としては、**アーリークロス**、**ハイクロス**などが挙げられます。例えば身長の高い選手が多いオーストラリアは、ファーサイドに流れた選手の頭に合わせて、落としたところにもう1人のFWや2列目の選手が飛び込んでくるパターンを得意としています。

日本代表は今、相手のDFラインの裏に速いボールを入れることを狙っています。止まった形でのハイボールでは、高さのある方に有利になってしまう。そこでGKの鼻づらを狙うようなボールを入れ、岡崎などをニアサイドに飛び込ませて、得点の可能性を高めようとしているのです。またゴール前を固められたときに、よく長谷部誠（現・ヴォルフスブルク／ドイツ）あたりがニアサイドのゾーンに走り抜けたりするのを見かけると思います。そこからプルバック（マイナス）のクロスを上げたり、あるいは自分のその動きを囮にして相手のセンターバック1人を引っ張り出すことでゴール前のチャンスの確率を高めようとしているのです。

【守備パターン】

▼▼▼フォアチェックか リトリートか

ここから守備の項目に移っていきます。

守備スタイルには、高い位置からプレッシングを仕掛けてボールを奪おうとする**フォアチェック**をしているのか。あるいはラインを決めてしっかり引き、そこにブロックを作って守る**リトリート**をしているのか。大きく分けて2種類のスタイルがあります。

まずは前線からのディフェンスの役割を整理してみましょう。

通常2トップで戦っている場合、相手が3バックの場合は2人で3人を、4バックの場合は2人で4人、あるいは中盤1人を加えて3人で4人を見るようにディフェンスします（図6）。

前線における相手との関係で、マイナス1とかマイナス2という状況を作れれば、そのぶん最終ラインで数的優位に立てるからです。言い換えれば、中盤以降の選手たちに数的優位な状況、ボールを奪える状況を作るために、前線でハードワークするのです。

前線でのディフェンスのもう1つの役割は、ある程度コースを限定することです。ボールホルダーに対するアプローチの角度を決めることで、パスを出せる方向を限定し、後ろの選手にプリディクタブル（予測できうる）な状況を作

図6　前線からのディフェンス

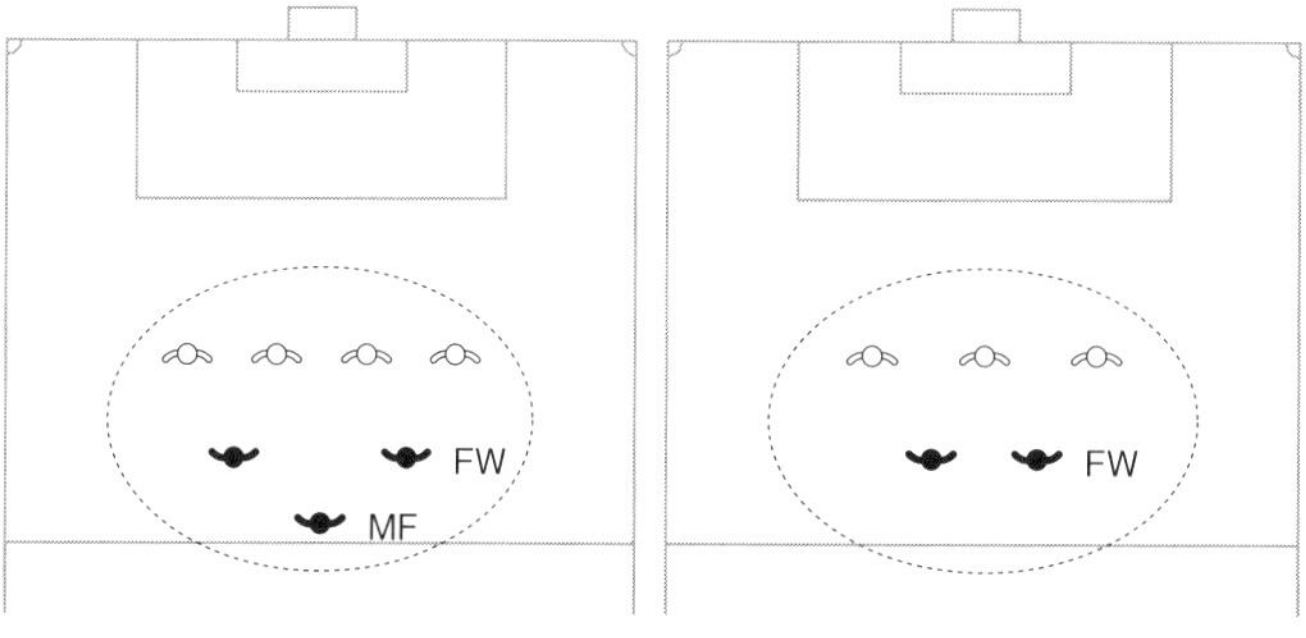

相手が4バック
FW2人あるいは、中盤を1人加えて、3人で4人を見るようにディフェンスをする。

相手が3バック
FW2人で3人を見るようにディフェンスをする。

ることで、さらにボールを奪いやすくするのです。

例えばピッチ上では、中盤の選手が「右を切れ」とか「左を切れ」とか「縦を切れ」という言葉でFWに指示を出すことがあります。そこには、どこに追い込みボールを奪いたいのかという意図があります。

フォアチェックで前線からプレッシングに行くチームは、局面的には前線でも数的同数の状態でプレスをかけていくことになります。そのとき、最終ラインまでも同数にするのか、あるいは最終ラインの数的優位は保ったままにするのか。観ていて実に面白いところだと思います。仮に最終ラインでは数的優位の状態を保っていたら、どこでその代償を払っているのかを、ぜひ探してみてください。

DFが下がって、自陣にブロックを作って守るのがリトリートと言われる戦術なのですが、もちろんフォアチェックしているチームでも、相手のパスが自陣深くまで入った場合は引いて守らざるを得なくなります。これもやはりタイプの違いで、どちらが良くてどちらが悪いという話でもありませんし、その境界線もグラデーションであることは踏まえておいてください（**図7**）。

引いて守る場合でも、FWの1人ないし2人は前線に残るものです。FWの残り方で、選手の力量を測ることができます。カウンターに備えてどのような駆け引きをしているのか、ポツンと残ったFWを観るのもポイントの1つです。

優れたFWは意図的にポジションを取ります。DFは、さすがに放ってはおけない。だから、

図7　フォアチェックとリトリート

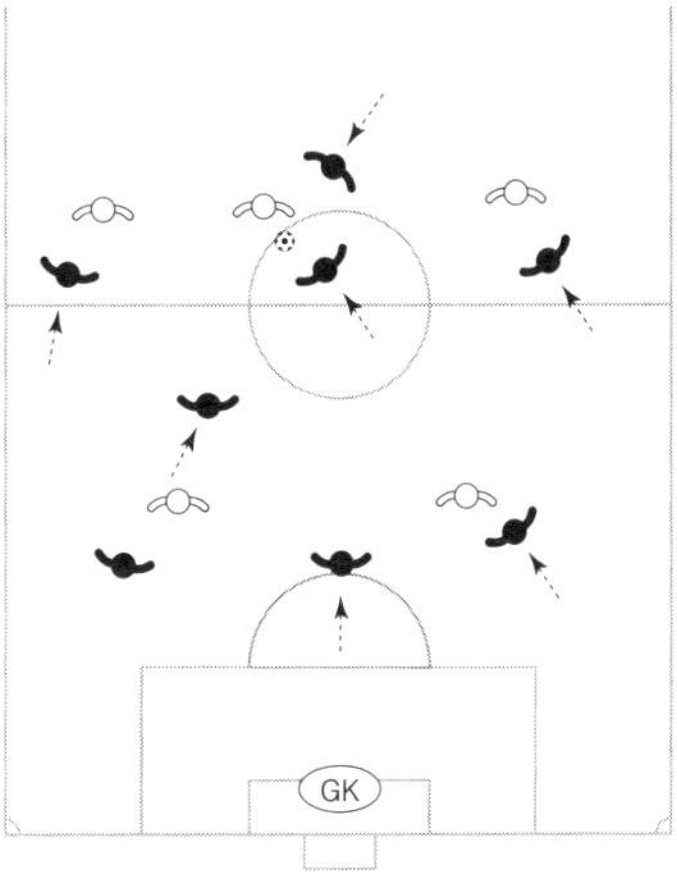

フォアチェック
高い位置から積極的にプレッシングを仕掛けてボールを奪おうとする戦術。

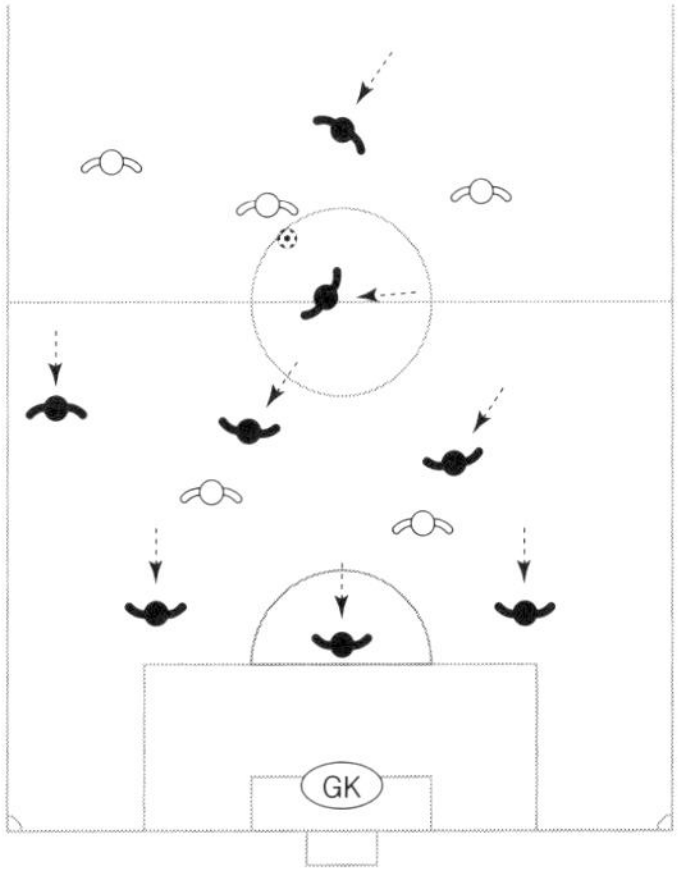

リトリート
ボールを奪われたときに、ラインを引き、そこにブロックを作って守る。

------→ 人の動き

1人か2人が逆襲に備えてマークにつく。味方が守備をしているとき、前線でフラフラさぼっているように見えるFWは、それでいて2人から3人の相手を引きつけているのです。

94年のアメリカワールドカップで優勝したブラジルのエース、ロマーリオはそうした守備の能力を持った選手でした。前線でさぼっているように見えても、実は2人か3人のDFの中間にポジションを取りながら相手の動きを封じていたのです。もちろん、それだけの警戒が必要な怖い選手だったというのもありますが、嫌なところにいるからDFは上がれない。

だから、FWの選手全員が自陣に戻ってディフェンスすることが、必ずしもチームにとって効果的とは言い切れないのです。1人残っていれば、相手はプラス1残ることになるでしょうが、その1人まで下がってしまうと2人分空けることになるわけですから。であれば、カウンターをうかがいながら前線に残って相手のDFを引きつけるというのもディフェンスの1つの形態なのです。

シールオフとネットディフェンス

どの方向に追い込み、ボールを奪おうとするのかをチェックすれば、チームとしての守備の志向が見えてきます。

大きく分けると2種類。1つは中から外に追い込み、縦パスを出させて奪う、狭いエリアに蓋をするイメージの**シールオフ**。もう1つは縦パスを出させないように網を張って、横パスを狙う**ネットディフェンス**とも呼ばれる守り方です（**図8**）。

2つの守り方に共通していることは、「ここはやらせない」「ここでボールを奪うんだ」という共通意識に基づいてチーム全員が連動して守るところです。

そう考えると、まずは相手の意図を読むことが大切です。ディフェンスの発想を読む、ということです。ボールのある位置で考えているのか、ゴールを守ることを考えているのか、スペースを埋める発想なのか、人と人を基本にしているのか。

つまりは、どこでボールを奪おうとしているのかを探るのです。

横にはつながせていいけど、縦に1本入れてきたら必ず奪うとか。ボールをつなぐ場所がなくなるように袋小路に追い込んで最終的に奪うとか。そこに、チームとしての意図が見える。そして自分たちは、その意図にはまらないように戦うわけです。

ボールは攻撃の意図により動いている、とだけ判断するのは正解ではありません。往々にして守備側、ボールを持っていないチームが自分たちの意図でボールを回させている場合がありま す。ボールを持っているチームが動かしているという先入観はあるでしょうが、実は手のひらの上で動かされているだけということもあるのです。

ただ追い込み方がどうであれ、強固なブロックを築くという点ではまったく同じです。攻める側に求められるのは、あえてそのブロックの中でボールを受けられる選手。相手のプレッシング

図8　シールオフとネットディフェンス

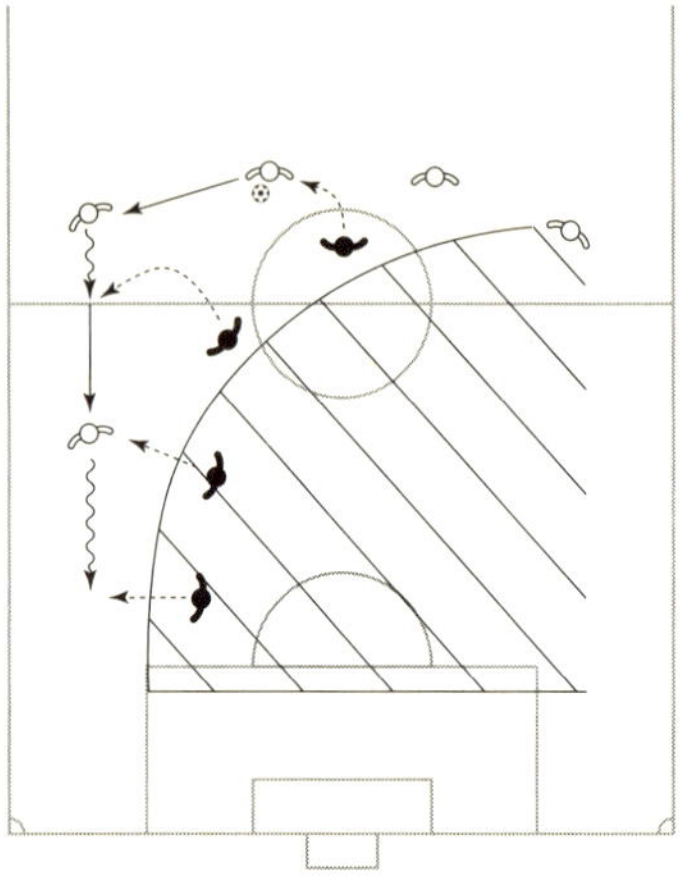

シールオフ

中から外に追い込み、縦パスを出させて奪う、狭いエリアに蓋をするイメージの守り方。

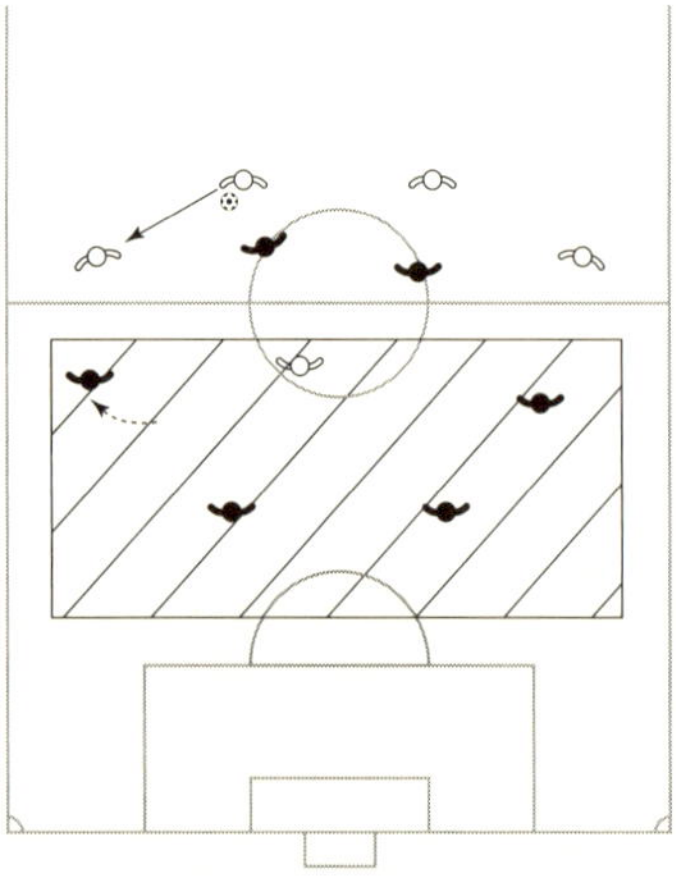

ネットディフェンス

縦パスを出させないように網を張って、中に追い込み、横パスを狙う守り方。

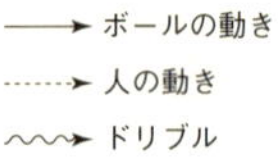

が厳しい中でボールを引き出し、次の展開を生み出すために起点となれる選手です。

ところが今、日本の若い世代でもそのような選手がまだまだ少ない。

例えばボランチが、楽に受けようとして相手ブロックの外に下がってきてボールを受け、さばこうとする。それでは意味がありません。

ブロックの中に入り相手に身体を寄せられながらボールを受ける、そして一瞬で展開を変えるようなパスを出す。そういう選手がものすごく貴重なのです。ブロックの中で受けられる選手がいないと、最後はロングボールに頼らざるを得なくなってしまう。そうなると、最終的に体格的に優位なチームが有利になります。

引いた相手をいかに攻め崩すか——。

格下のアジアのチームと戦ううえでの問題を解決するためにも、相手のブロックの中に飛び込んでいき、数的不利な状況でも起点を作るプレーが必要なのです。日本代表では遠藤保仁（現・ガンバ大阪）や長谷部誠などが、厳しいブロックの中でもボールを受け、展開できる選手です。

私は、サッカーは相対的なスポーツだから、その試合での自由量は決まっていると思います。1人の選手が楽をして相手のプレッシングのないところで自由にプレーしたら、次の選手が必ずしわ寄せを食う。

だから「自分が苦しいところでボールを受けておけば、次の選手は楽にボールをさばけるだろう」とか「自分がここまで自由量を使うと、次の選手が使う量が減ってしまう」といったように、チーム全体の自由量を考えてプレーすべきです。

そのような観点で試合を観ると、それぞれの選手の意識がわかります。

苦しいときに楽なポジションでパスを受けて、さらにはどこにパスを出そうか判断が遅く、次の選手を餌食にしてしまう選手。相手の守備ブロック（ネット）の中に侵入して、シンプルにボールをさばいてもう一度走り出せる選手。2人の間には傍目《はため》からは想像できないほど雲泥の差があります。

逆の観方をすれば、ブロックの中で受けられる選手がいないチームには、ネットディフェンスを展開すれば勝つ確率が高まるかもしれません。ただ相手にリードされるとボールを奪うきっかけは作りづらくなってしまいます。だから、中には試合の状況から判断してディフェンスの方法を変えてくるチームもあります。

このようなディフェンスへの対策としては、追い込まれないようにボランチを使ってどんどんサイドを変える方法もあるでしょう。相手が的を絞れないようなゲーム展開に持っていくわけです。あえて相手の意図しているところ、アリ地獄にボールを入れ、食いつかせてから裏を取るという、肉を切らせて骨を断つといったようなやり方もあります。

そのような駆け引きがゲームの序盤、頻繁に行なわれるわけです。

序盤のつば競り合いでは、相手の意図をどちらが崩すかがポイントになります。相手の意図を汲んで、そこを潰すことで自分たちの流れに持っていく。「このゲーム引き寄せたぞ」と思った瞬間にゴツンとやられることもありますが、長い目で見れば、一つひとつの駆け引きで自分たちの流れを作っていけば勝つ確率が高くなります。

アウトサイドを誰が見るか、ボランチを誰が見るか、そこも面白いポイントです。私自身、ゲームをざっくりと読むため、最も意識して観るポイントです。

だいたいのチームは、フラット、ボックス、ダイヤモンドという中盤の陣形に関係なく、最終ラインではプラス1の状況を作りたいと考えます。そして、そのプラス1の代償はどこかで払わなければなりません。

最終ラインでプラス1を確保したいと思えば、ボランチというのは、1人が1人につきづらいポジションです。どうしても浮くことになる。サイドバックも浮くことが多い。大きくサイドを変えられたときサイドバックに対して、FWが流れてケアするのか、MFが出ていくのか。

では、MFが出ていった場合、引き気味のボランチは誰が対応しているのか。両サイドバックとボランチを同時に完全に抑えられるチームはありません。だからこそ、そこでの対応を観ればチームのコンセプトがわかるし、同時にウイークポイントも見えてきます。

逆に自チームで言えば、引き気味のボランチとサイドバックというのは、局面局面でフリーにせざるを得ない。つまり捨てざるを得ないポジションなのです。捨てたあとで誰がそこを拾っていくか。そこを整理しておかないと勝負には勝てません。

▼▼▼最終ラインの固め方

最終ラインの構成は、4バック、3バックあるいは5バックが基本です。まずは、それぞれの特徴から説明しましょう。

3バックのジレンマはサイドにあります。中盤の両サイドが高い位置でプレッシングをかけると、その背後、つまり3バックの両サイドに空いたスペースにボールを流し込まれてしまう。3人で68メートルを守れるなら中盤で数的優位が作れるものの、相手との力関係で両サイドのスペースをサイドのMFが下がってケアすることになると5バックに近い格好になり、逆に中盤が数的不利になるのです。

ただし、攻撃面では両サイドの選手をウイング的に走らせることができるので、サイドからの崩しによってチャンスを作ることができます。またトップ下を置きやすくなるので、中盤で相手を牽制しながら攻撃の起点を作ることも可能です。

4バックはフィールドの横68メートルを4人で守るのでバランスをとりやすくなります。特に対戦相手が1トップとか3トップの場合はピタリとはまる。2トップでも2人が完全に張る形は少ないので、抜群の距離感でスペースを埋めることが可能になる。やはり、いろいろな流動性を考慮すると、4バックは融通の利く守り方かもしれません。

3バックであれ4バックであれ、守り方はディフェンスに対するコーチの発想で異なります。

ボールがどこにあるか、すなわちボールを中心にディフェンスを考えていく。自分のゴールを守るという発想からディフェンスを組み立てる。スペースをいかに埋めるかを中心にディフェンスを構築していく。人と人を基本にディフェンスする。おおざっぱに分けても4パターンは出てきます。つまり、最終ラインの枚数に関係なく、コーチの発想によってディフェンスのスタイルは変わってくるのです。

ボランチの選手が、自分のマークが少し引いたときにある程度選手についていくのか、行きすぎると相手のFWへのコースが空いてしまいFWが足下でボールを受けやすくなるので、ポジションをキープしてケアするのか。そのようなちょっとしたシーンを観るだけでも、チームのディフェンスの意図を探ることができるのです。

一昔前のように、このチームはマンマーク、このチームはゾーンディフェンスという区切りはつけられません。どちらかというとマンマークの要素が強いチームとか、スペース中心に守りながら最終的には人につくチームという、やはりグラデーションによる分け方になるでしょう。

システムでは攻撃的かはわからない

「3－5－2は攻撃的なんですか？」「4－4－2は守備的なんですか？」

時々、そんな質問をされます。単純に考えれば、DFが3人いるより4人いる4－4－2の方が守備的に思えるのかもしれませんが、そのような議論はまったくのナンセンスです。

3－5－2で守備的に戦うこともあれば、4－4－2で攻撃的に戦うこともある。果敢に前へ出ることで攻撃的に戦うこともできれば、ある程度スペースを埋めて守備的に戦うこともできる。そこにシステムは関係ない。もちろん、本当は攻撃的に戦いたいのだけれど、相手との力関係でどうしても押し込まれてしまう時間が長くなる場合もあるでしょう。

3－5－2で両サイドを積極的に上げていくつもりが、相手の攻撃に対応しようと思うと自陣深くまで下がらざるを得なくなり、結局5－3－2のような格好になってしまう場合とか。試合展開が、思い描いていたシナリオ通りに運ばないことは頻繁に起こります。

当然、相手のチームも3－5－2の弱点をいかに突くかを考えているわけです。よくあるパターンとしては、アウトサイドの選手をぐっと張らせて固定するとか。そうすると、3－5－2の両サイドもその選手につられて下がらざるを得なくなる。3－5－2を5－3－2にしてしまう戦術を、対戦チームは考えてくるのです（**図9**）。

そんなとき、勇気があるチームの両サイドはグッと張ったアウトサイドを無視して、センターバックにケアさせるという選択をします。もちろん、ある程度のリスクを覚悟して。けれども、そうすると中央のセンターバックが1対1の状況を作られるので、そこをどうカバーするのか。ボランチの1人がポジションを下げて最終ラインに入るのか。あるいは、右サイドにはセンターバックが出ていくが、左サイドはMFが戻ってくるようにするのか。

　そのあたりは持ち駒となる選手の特性にもよるのですが、5バックにされないように手を打つわけです。そのような攻防もまた見どころになる駆け引きです。

　私自身、相手のチームが3バックのときは、3バックの両サイドにボールを流し込み、相手を裏返しにさせたり、あるいは、両サイドの選手を高い位置で張らせ、相手を5バックに押し込め、中盤で数的優位を作ろうとしたりといった戦い方を仕掛けることもありました。

　もちろんサッカーは相手がいるスポーツなので、相手との力関係は大きな問題です。どちらが地力で勝っているのか。つまり、相手に合わせる必要のないチームなのか、相手に合わせざるを得ないチームなのか。相手が1トップだから今日

図9　3-5-2の弱点をいかに突くか

アウトサイドの選手をぐっと張らせてプレッシャーをかけることで、3-5-2の両サイドの選手を、最終ライン近くまで下がらせる。それによって3-5-2が5-3-2になってしまう。

はこういうシステムにしよう。2トップだから本来は3バックだけど4バックにしよう。

そのように、対戦相手に合わせてシステムを変更するチームもあれば、自分たちのやり方を貫いていくチームもあります。力関係とシステムとを照らし合わせて観ていくと、非常に面白みが増すのではないでしょうか。

最終ラインがコントロールするオフサイドトラップに関しては、近年、流れの中で仕掛けてくるチームはほとんどありませんが、戦術的に用いているのか、緊急の場合のみ用いているのかを確認しておきます。フリーキックのときにオフサイドトラップを仕掛けてくるチームに対しては、2列目から選手を飛び出させるなどの戦略を立てることができます。

▼▼▼GKによって数的優位を作る

高さへの対応は、韓国のチェ・ヨンス対策のところでも書きました。同じぐらいの高さがある選手がいれば別ですが、大事なのは高さのある選手の特長を消すことです。

パスの供給源である中盤の選手を抑えるとか、得意な体勢でヘディングさせないように身体を預けるとか、動き方に注目してマークの受け渡し方法を確認するとか。チームとして個々の役割を決めて、高さのある選手を抑えることが肝要です。

GKとDFラインとの連携も重要なチェック項目です。

ＧＫはゴールを守るのが一番の仕事ですが、ビルドアップにどれだけ参加しているかも重要な要素になっています。現代サッカーでは、ＤＦラインの裏へのボールをフィールドプレーヤーと同じ感覚で断ち切る、あるいは味方につなぐプレーが求められています。

相手が積極的にプレスをかけてきた場合、フリーでボールを受けられるのは最終ラインのＤＦぐらいではないでしょうか。そこから１つ前にボールが入ると必ずプレッシングがかかる。ＤＦに対しても厳しく寄せていくチームも増えてきています。

そこから推論していくと近未来には、フリーな状態でボールを持てるのはＧＫだけになっていくという結論が導き出されます。となると、そこでボーンと前へ蹴るだけのＧＫなのか、きっちりつなげるＧＫなのかは大きな差になります。

前線のディフェンスの箇所で説明しましたが、同数でプレッシングをかけるということは、どこかに代償を払っているわけです。そこでＧＫを経由してボールを配球できれば、さらに数的優位の状態になるはずです。

このようにビルドアップの際に、最終ラインで数的優位を作ろうと思ったらＧＫの力も必要になるのです。ＧＫのところに相手がプレッシングをかけてこなかったら、少しキープしておけばいい。誰かが寄せてきたら、それはすなわち他の誰かがフリーになったことを意味する。だから、パス回しに参加できるかどうかはＧＫの価値を左右する大きな問題なのです。

その観点でいうと、ＧＫとの連携に関しては２パターンが明確になります。**ＧＫにバックパス**

が入ったとき、フィールドプレーヤーがGKを見ずに上がっていくタイプ。そこでGKが大きく蹴るのですが、マイボールになることはほとんどありません。

一方、**足下のテクニックがあるGKの場合**、センターバックをはじめ各ポジションがパスを受けようと顔を出します。そして、数的優位な状況を作ろうとする。GKにボールが渡ったときのセンターバックの動きを観れば、そのGKの足下の力量、あるいはチームのコンセプトがわかります。相手のチームにどういったタイプのGKがいて、DFラインとの連携はどうなのかは、戦略を練る際の材料になります。

現在、足下のテクニックを兼ね備えた世界的なGKといえば、マンチェスター・ユナイテッド（イングランド）のエドウィン・ファン・デルサールが筆頭でしょう。レアル・マドリー（スペイン）のイケル・カシージャスも後方から組み立てていけるGKです。

ファン・デルサールは相手にプレッシングを受けながらでも、平気で中央のセンターバックにボールをつけることができる。サイドに張っているDFにパスをつなぐのはリスクが少ないので問題ないでしょうが、真ん中の選手にパスするのは簡単ではない。少しずれるとインターセプトされる危険性があるので、真ん中の選手にボールを出せるGKはテクニックだけでなく、勇気と自信をも兼ね備えた選手と言えるでしょう。

GKの貢献度は11分の1以上なのです。フィールドプレーヤーが一度ミスしても仕方ないと言えますが、GKは一度のミスが失点につながるケースが多い。

そのような存在であるGKが、最終ラインを統率できるし、ビルドアップにも参加できるとなったら、チームにとっては非常に大きな存在となるでしょう。

また、そのチームのウイークポイントを探るときは、**スペース、マークのずれ、ボールウォッチング**の3点だけは必ず押さえるべきポイントとなるでしょう。まずはシステムを比べて、どこにスペースができるか見極めること。相手のどこがマイナス1となっているのか、そこを見つけるのです。実戦において、ウイークポイントをつかむことは、勝利への可能性を高めるために、大きなカギを握る要素となります。このあたりは、アトランタ五輪やフランスワールドカップなど、私が実際にスカウティングを担当した試合を振り返りながら、後ほど説明したいと思います。

【選手の個人能力】

選手個々の能力を把握しておく

攻守の中心選手の分析に似ていますが、選手個人の能力を見極めることも大切です。

優れた選手の条件を言葉で説明するのは難しいのですが、主な要素としては**スピード、テクニ**

ック、**インテリジェンス**、**身体能力**、**精神面**などがあり、それらを多角的に評価すべきです。

また、その選手の**利き足及び利き足依存度**（どの程度、利き足に頼っているか）なども押さえておく項目でしょう。

誰でもすぐに気づく基本技術としては、ボールコントロールの技術が挙げられます。ボールを適切な場所に止められるかどうか。当然、キックの技術（精度）もないと困ります。そのうえで、ゲームの中で使える技術かどうかを見極めなければなりません。

そう考えると、技術を活かすための**判断力**が重要になります。選手個々の判断力はいい選手の条件として、かなり大きなウエイトを占めるのではないでしょうか。

いい選手は、受ける前、すなわちボールの移動中に状況を把握し、何人かとアイコンタクトしておくことに優れています。自分で的確な判断を下せる選手は、試合で必ず輝きのあるプレーを見せてくれます。

ボールコントロールの技術、パスの精度や質、キックの正確性がボールを持ったとき（オンザボール）に観るべきポイントならば、判断力を見極めるのに重要なのはボールがないとき（オフザボール）の動きです。厳しいプレッシングがある中で、どれだけフリーになってボールを引き出すことができるか。もしくは、試合の流れを読みながら要所でポジションを取れるか。そこを左右するのがオフザボールの動きです。

どれだけ技術的に優れた選手でも、ボールを引き出す能力がなければゲームから消えてしまう可能性が少なくありません。試合が終わったとき「あれ、ピッチにいたっけ?」と思わせるのはボールへの関与が少ない選手。つまり、ボールを引き出す能力が不足していて、オンザボールの機会を増やせない選手です。

また、実際にボールを受けたときに素早く、正しい判断を下せるかどうかも重要なポイントと言えます。ボールだけを見ている選手は判断が遅くなります。一方、ボールを受けた瞬間にいい判断を下せる選手は、ほとんどの場合、自分がボールを持っていないときチームメイトの誰かとアイコンタクトを取っています。

パスを受ける瞬間にボールだけを見ているか、その前に誰かとアイコンタクトを取っているか。そこだけを観察しても、いい選手かどうかを見分けることができます。

極端な話をすれば、その差を突いて戦略を立てることが可能になるわけです。例えば、自分の頭で考えられる優れたＤＦは「この選手はボールを受けてからしかアイコンタクトできない」と判断して、マークの仕方やアプローチのタイミングを工夫するわけです。

いつアイコンタクトをしているかは、判断力を分析する際の重要な基準です。

とはいえ、ボールの移動中に効果的なアイコンタクトができる選手は、Ｊリーガーでもそう多くはありません。誰でも余裕があるときは顔が上がり、ボールの移動中に状況判断することができます。速いパスが自分に向かってくる、その間のコンマ何秒の中で一旦ボールから目を離し周囲を見るというのは簡単なことではありません。

調子がいいときなら顔が上がるけど、調子が悪い、あるいは相手のプレッシングが厳しくなるとボールだけしか見れず、ボールを受けてからようやく顔が上がるという選手がまだまだ多いような気がします。

ボールを受ける前にどれだけの準備をしているか——そこを観れば、その選手の大事な能力が見えてくるのです。「事前の準備」というと単純に聞こえますが、オフザボールの動きは、その選手のポテンシャルを端的に表わしているのです。

選手のクオリティを判断するとき、ボールを止める技術があるか、パスを出す技術があるかは誰でもわかります。そこから一歩踏み込んで、ボールを受ける前にどのような準備をしているかまで見えるようになると、その選手の本当の力が見えてくるのです。

▼▼▼評価すべきは、サッカーを知っている選手

本当はそれでは困るのですが、身体能力の高い選手は自分自身の身体能力に頼って、その先にある磨くべき要素——判断力やゲームの流れを読む力を育成年代において身につけづらい傾向があります。

反対に身体能力がそれほど高くない選手ほど、素晴らしいイメージを持ってプレーし、大きく成長してくるものです。中村俊輔（現・エスパニョール／スペイン）や中村憲剛、佐藤寿人など

は、フィジカル面を補うため、日々考え努力してきた結果、素晴らしい判断力を持つに至った選手の代表格だと思います。

現在、特に若い世代で見られる現象――つまり足が速いだけで、身長が高いだけで、当たりに強いだけで勝ててしまうという現実が、もしかして身体能力と判断力を兼ね備えた選手の出現を阻《はば》んでいるのかもしれません。

これは天井効果といって、ある集団の中で能力の突出した選手は伸びづらくなることを生じさせてしまう現象です。それを防ぐためには天井をはずしてあげること、すなわちその選手の能力に応じたさらにレベルの高い環境を提供してあげることが重要となります。「○○しなくても通用する」から「○○しないと通用しない」という世界へと。そうすれば、「コーチに言われたから」ではなく、自分で考えて磨きをかけていくことにつながっていくはずです。

もちろん、コーチとしては身体能力がある選手やテクニシャンばかりに注目するのではなく、「サッカーを知っている選手」とか「考えてプレーしている選手」を評価する必要があります。観る側の眼が肥えていけば、日本サッカー界全体のレベルが上がるのです。

私はユース年代を指導する機会も多かったのですが、当時無名だった選手が後に代表チームに選出されたりすると「あのとき、どうしてあの選手を選んだの？」と聞かれることがけっこうあります。関係者の誰も注目していないような選手を選んだことも何度かあるので、気になる場合があるのでしょう。

そのときは「何となくだよ」と答えていますが、やはりプレーの表面に出てこない将来性やサッカーに対する理解度、考える力があるかどうかで判断していたと思います。

その選手が、どのレベルでサッカーを考えてプレーしているのか。

私がU－20日本代表を指導していたときでいえば、前田遼一、佐藤寿人、青木剛（現・鹿島アントラーズ）といった選手たちです。みな今では全国レベルの知名度を誇っていますが、当時はまだ無名に近い存在。それでも2手先、3手先を考えたプレーをしていました。

やはり当時ほとんど無名であった今野泰幸（現・FC東京）は、派手さはないものの基本的な技術レベルも高く、また何よりも人とはまったく違った間合いでディフェンスすることのできる選手でした。高校卒業を控えた時点でプロチームからの誘いを1つも受けていないことを聞いた私は、当時J1のコンサドーレ札幌で監督をしていた岡田さんに電話をして、「お願いだから1回見てください」と頼み込みました。それぐらいインパクトのある選手だったのです。

選手がどこまで考えてプレーしているか、それを見極めるのは簡単ではありません。しかし、オンザボールだけでなく、オフザボールの動きにも注目すれば、ある程度は判断できます。

自分がボールを持っているとき、自分が次に何をするかは誰でも確実に考えられます。また、ボールの出し手と受け手がいる2人の関係のときも、クオリティの優劣はあるにせよほとんどの選手が考えることができるでしょう。ところが、出し手と受け手だけでなく、もう1人となると途端にサッカーが複雑になります。自分が3人目の選手になったときに考えて動けるかどうか、そうなるとかなりの選手が脱落してしまうのです。

具体例を挙げてみましょう。

1人の選手が走り、そこへ縦パスを出す。これには何の問題もありません（**図10－1**）。出し手と受け手の関係だけだからです。それが**図10－2**のようになるとどうでしょう。DFを背負ったBがいて、裏に空いたスペースへCが走り込む場合です。そこでは、2対1の状況が生まれるわけです。DFは走り込んでくるCに対応することもできますが、ボールホルダーであるAがBにクサビのパスを入れるとBにつかざるを得なくなり、結果的にCはフリーになります。

図10－3のような局面では、パスの出し手であるA、受け手であるB、プラスもう1人であるCの3人が考えてプレーできるかどうかがポイントになります。AからBへ①のパスが通ったとき、Cはその次の②のパスを予測して走るべきです。しかし、Aから自分（C）にパスが出なかった瞬間に走るのを止めてしまう選手がいるのです。そのような選手はゲームの展開を予測する力、考える力が足りないと言わざるを得ません。

AからBにパスが出た瞬間、2手先、3手先を考えて「これはフリーでボールを受けられる」と思って走り続けることができる選手と、走るのを途中で止めてしまう選手では大きな隔たりがあります。

サッカーという紙芝居を演じているとして、今はこの画だけど、1枚めくると違う画になる。そこを頭の中で描けるかどうかです。紙芝居の次の画、1枚めくった先の場面が見えるかどう

図 10　3人目の選手の動きを考えたプレー

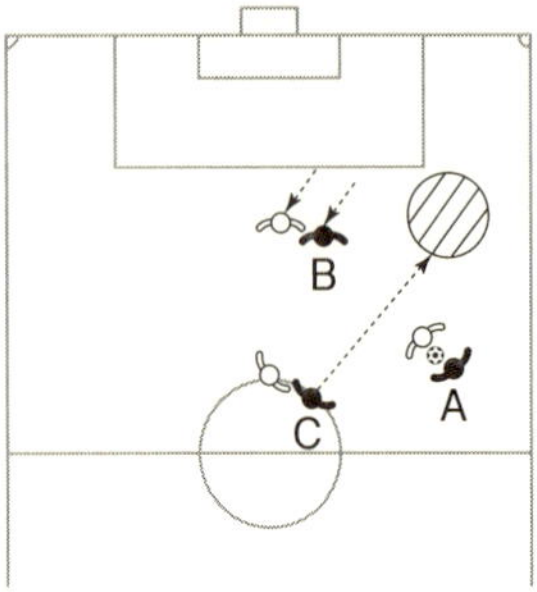

図10-2　3人目の動き

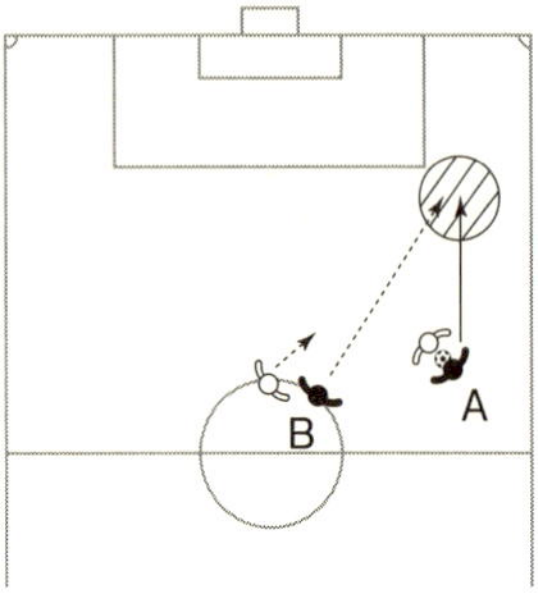

図10-1　2人の関係性のみ

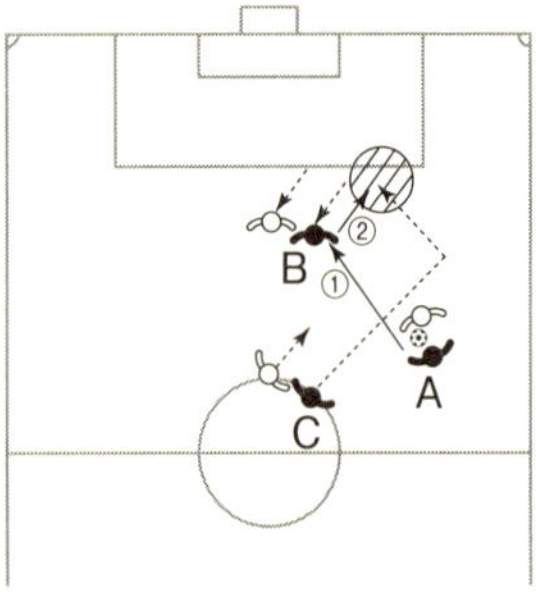

図10-3　パスを予測できるか

図10-1
1人の選手が走り、そこへ縦パスを出す形。攻撃側2人の関係だけなので考えやすい。

図10-2
3人目が加わった途端、動きが複雑になる。DFを背負ったBを囮にして、裏に走りこんでくるCへのパスが考えられる。

図10-3
AからBへクサビのパス①を入れた場合、Cが②のパスを予測して、走り続けていれば、フリーで受けられる可能性が高い。

――▶ ボールの動き　‥‥▶ 人の動き

か。そのような観点で選手に注目すれば、どのレベルで考えてプレーしているのかがわかります。

もちろん、プレーに関与する選手の数が多くなればなるほど、全員のイメージが合っているかどうかが問題になります。2人のイメージを合わせるのはそれほど難しくありませんが、3人となるとなかなかできるものではありません。今は図を見ながらですが、実際はこれがピッチの平面上でしかもコンマ何秒の世界で起こっていくのです。思い描いていたイメージが違えば、ミスにつながる可能性は高まります。

DFラインのパス回しを観ても、何となく回している選手と、意図を持って回している選手では大きな違いがあります。

あえてドリブルしてからパスを出すとか、相手を引きつけてからパスを出すとか、あるいは相手に追い込まれてしまっているのか、それとも意図的に狭い局面を作って逆サイドにパスを出そうとしているのか、とか。単純にフリーな選手にパスを回しているだけの選手と、次の展開をよりよくするために頭を働かせている選手の違いは、その選手の価値を決めるうえで重要なポイントです。

▼▼▼決め手となるプレーは1手、2手前にある

ボールから離れたところで起こっているさまざまなつば競り合い、ボールを引き出すための駆け引き、シュートを打とうとしているときのDFの動きなどが見えてくれば、次の段階では1つ2つ前に起こったキーとなるプレーというものが見えてきます。

例えばシュートが決まったとき、シュート自体の素晴らしさは誰にでもわかりますが、その1つ2つ前、しかもボールのないところに得てしてキーとなるプレーがあるのです。そこまで観ることができるようになれば、サッカーがどれほど楽しくなることでしょう。

録画映像で振り返るのも重要な作業です。「なんでフリーになったんだ?」と思うとき、前のプレーすべてを思い出すことは不可能です。そういうとき録画した映像を見返してみて、「ああ、なるほど」と気づく。その繰り返しにより、リアルタイムで観ていながら1つ2つ前のキーとなるプレーが見えてくるのです。

98年のフランスワールドカップでは、クロアチアのエースだったダボル・スーケルの動きを細かく分析しました。

スーケルはゴール前でフリーになるのが得意な選手。どうしてフリーになれるのかを、とことん分析していくと、ボールを受ける前の動きにヒントがあることがわかりました。彼は、必ずDFの死角に位置取るのです。

ＤＦはほとんどの場合ボールから目を離さず、しかもマークする相手を同一視したいもの。そこを突いて一旦、ボールとＤＦを結んだ延長線上、つまり死角となる１８０度の位置にポジションを取るのです。そして、いざクロスやパスが入ろうとするその瞬間、すなわちＤＦとしてはボールから絶対に目が離せない一瞬をついてＤＦの前にグッと身体を入れたり、あるいは遠ざかったりして勝負する。そんなプレーを繰り返していました。

彼はおそらく多くのゲームの中で無意識的、本能的にその位置取り、タイミングを身につけてきたのでしょう。スーケルの特徴に気づいた私はワールドカップ後、そのようなシーンをピックアップしてテクニカルビデオとして編集、育成で活用しました。

つまりは、ボールだけを追いかけていては重要なポイントは見抜けないのです。

素晴らしいプレーの１つ前、２つ前には、必ずといっていいほど決め手となる動きが隠されているものです。映像で振り返る作業を続けていると視野が広がり、同じようなシーンに自然と目が行き届くようになります。すると今度は逆のシークエンス、すなわちそのようなキーになりそうな動きが出てくると、「次にあの辺りで何かが起こるはず」という予感とともにゲームを観ることができてくるのです。

▼▼▼ 苦しいときこそメンタリティが浮き彫りになる

選手のクオリティを判断するとき、忘れてはならないのが**メンタリティ（精神面）**です。凧のような選手では仕方ない。

つまり、風が吹いてきたら上がるけど、風が止むと落ちてしまうでは困るのです。そういった意味では、その選手のメンタリティを判断するポイントとしてチームが苦しくなったときにどのようなプレーをしているか、を観るといいと思います。

これまでの経験から言うと、本当に苦しいときに強いメンタリティを発揮する選手が最終的に生き残っていくし、戦える選手だと思います。調子のいいときは誰だって気分良くプレーします。いいコメントもするし、人にも笑顔で接することができる。だけど、苦しくなったときや結果が出なかったときに、その人の本当のメンタリティが明らかになります。

日本代表で指導したことのある井原正巳（元・横浜F・マリノス）や山口素弘（元・横浜FC）は、素晴らしい選手でした。チームの調子が悪くなったときでも決してパフォーマンスを落とすことなく、安定した存在感で仲間たちを引っ張っていました。

もちろん、いろいろなタイプがいます。俺の背中を見ろという感じで黙々とプレーするタイプ、真っ先にプレッシングをかけ続けるタイプ、声で仲間を鼓舞するタイプ。10人いたら10通りの強いメンタリティの表現があるでしょう。どのような方法であっても、悪くなりつつある試合の流れを絶対に引き戻すんだと一生懸命もがく選手と、ダメだと諦めてチームのために持てる力を出そうとしない選手では決定的な差があります。

とはいえ、先入観に危険性があるのも事実です。

メンタリティも積み重ねから初めてわかる面があります。1試合で見える情報もありますが、それだけを信用していては過ちを起こしかねない。人は誰でも日々成長しています。イメージにとらわれるのは危険なのです。

選手個々の評価では、最終的に武器は何かを見極めることが一番です。

ある程度のベースがあったうえで、スピードなのか、テクニックなのか、メンタリティなのか。そうした特質を持った選手たちを組み合わせてチームを作り、相手のチームとのバランスを図りながら試合に臨むわけです

現時点で長所と短所を持った選手たちを、どうやって組み合わせたら最高の戦いができるか。その考えが平面上に広がる2次元の思考だとしたら、もう1つは3次元の思考。選手たちが持つ武器を活かしながら、すべての選手をどうやって高めていけばいいか。選手一人ひとりの力量を伸ばすための分析で、そのあたりはチーム全体の力を見抜く要素です。

基本は、それぞれの特長を足し算によってどれだけ大きくしているかです。サッカーというのは面白いスポーツで、コーチの戦術や選手の組み合わせによって、1＋1の答えが3になる場合も4になる場合もあるのです。

【セットプレー】

駆け引きがわかりやすいリスタートの場面

セットプレーでは、攻撃と守備、それぞれの場合の特徴を頭に入れておくと、試合においてより優位に立つことができます。

ここでもやはり、「サッカーは所詮11人」。足し算と引き算が大切です。

例えば**コーナーキック**のとき。

マンマークで守っている場合のゴール前の攻防を例に考えてみましょう。攻撃側は、相手カウンターに備えて最終ラインに残っている相手選手に対して、1人なら2人、2人なら3人と、1人余らせようとするものです。それにゴール前にキッカーがいますので、2人を余分に費やしていることになります（**図11－1**）。

一方、守備側もどちらかのポストに1人、さらにGK前の最も危険なエリアに「ストーン」（動かない選手）と呼ばれる選手を配置するのを基本と考えてみましょう。となると、攻撃側もマイナス2、守備側もマイナス2でイーブンな状態です。守備側がストーンに加え、両サイドに人を割けばマイナス3となり、攻撃側にはプラス1のアドバンテージが生まれます（図11－2）。さらに、この状態から攻撃側がショートコーナーを仕掛けるとします。攻撃側が費やすのは1人ですが、局面での数的優位を作られないためには守備側は、2人を割かざるを得ません。となると、攻撃側はトータルでプラス2となります（図11－3）。

では守備側はどこを空け渡すのか、1や2失ったとしても危険なエリアを守りたい守備側に対し、プラス1やプラス2を攻撃側がどう活用してくるのかを観ていきます。

現場に戻る身としては、あまり手の内は明かしたくないのですが、このプラス1を活用した一例としてこんな手を仕掛けることをしていました。

相手が3人前線に残してきた場合です。セオリー通りに考えると最終ラインはプラス1として、4人を残したいところですが、3対3にしても互いのチャレンジとカバーで対応できると踏みました。

この時点でリスクはあるもののこれでプラス1をゲット、問題はこれをどう活用するかです。**図12**のように最終ラインに1人、置いておくことで砂にまぶし、キックの直前からタイミングを合わせてゴール前に入り込ませる。そのときにマークされている選手全員が相手を引き連れ「モーゼの十戒」のようにゴール前を空け、たった1人だけをフリーにする。

実際はそれに加えショートコーナーを仕掛け、相手2人を引き出すことで確率を高めたりしていました。もちろん、シーズンに数回しか使えない手ですが……。

図 11　コーナーキックでの駆け引き

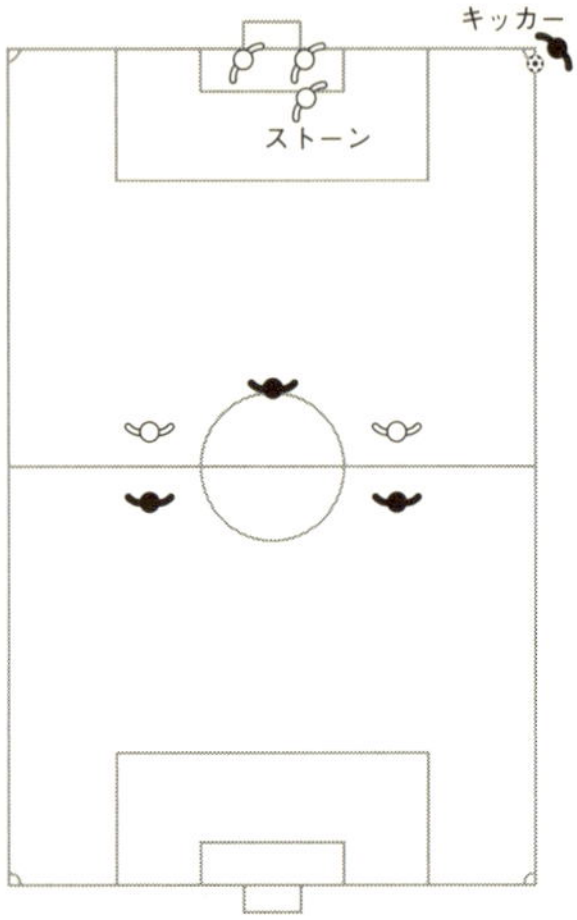

図11-2　攻撃側プラス１

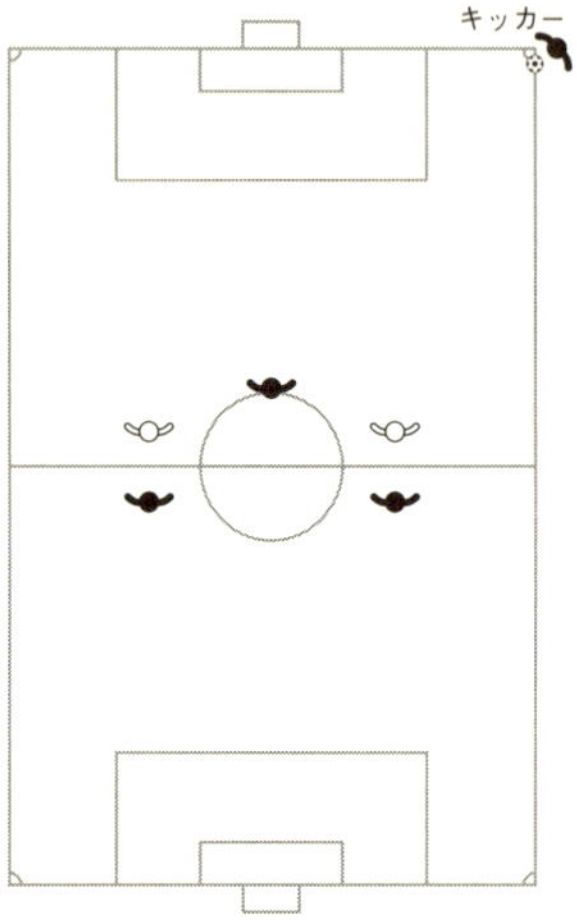

図11-1　攻撃側マイナス２

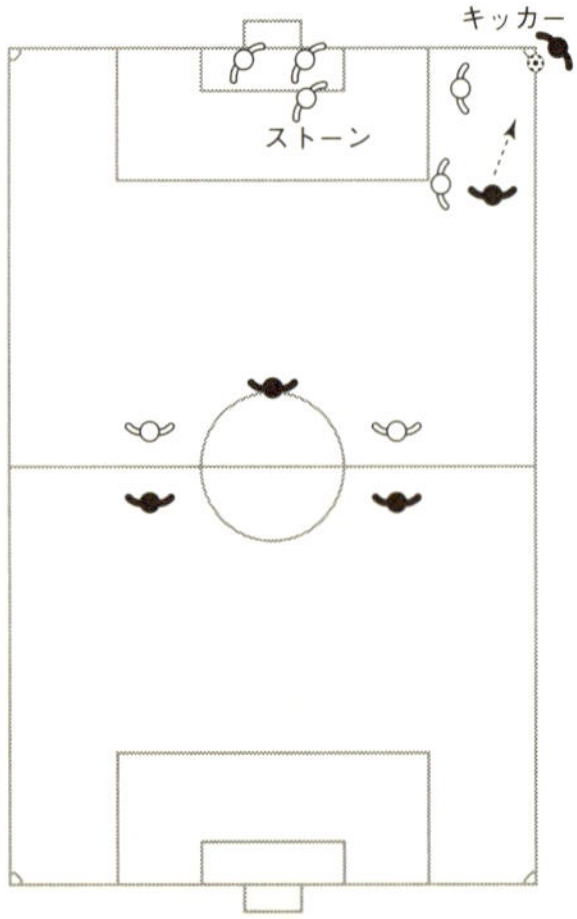

図11-3　攻撃側プラス２

図11-1
攻撃側（●）は、カウンターに備えて、最終ラインで１人余らせたい。キッカーとなる選手も必要なので、マイナス２の状態。

図11-2
例えば守備側（○）がポストの両側と、「ストーン」となる選手を配置すると、攻撃側（●）がプラス１に。

図11-3
攻撃側（●）がショートコーナーを仕掛ければ、守備側（○）は選手を２人割かなければならない。トータルで攻撃側はプラス２をゲットできる。

図 12　コーナーキックでのプラス 1 を利用した仕掛け

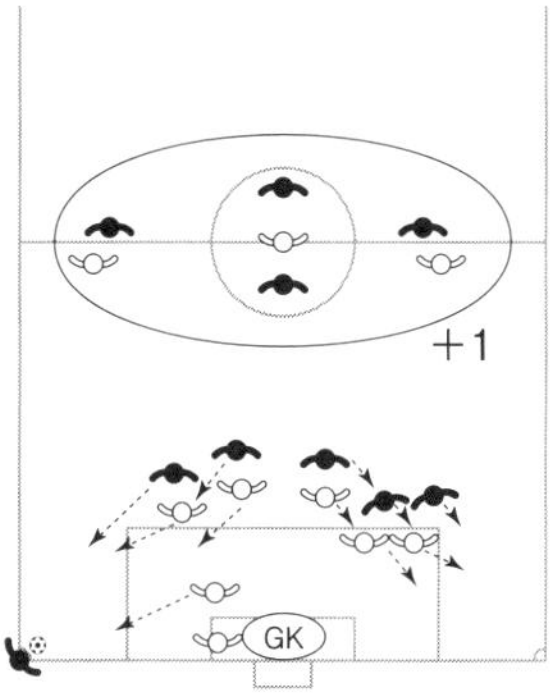

コーナーキックの際、相手チーム（○）が 3 人前線に残してきた場合に、DF 4 人（●）を残していると相手に思わせる。最終ラインでは 1 人余らせるものというセオリーを利用する。

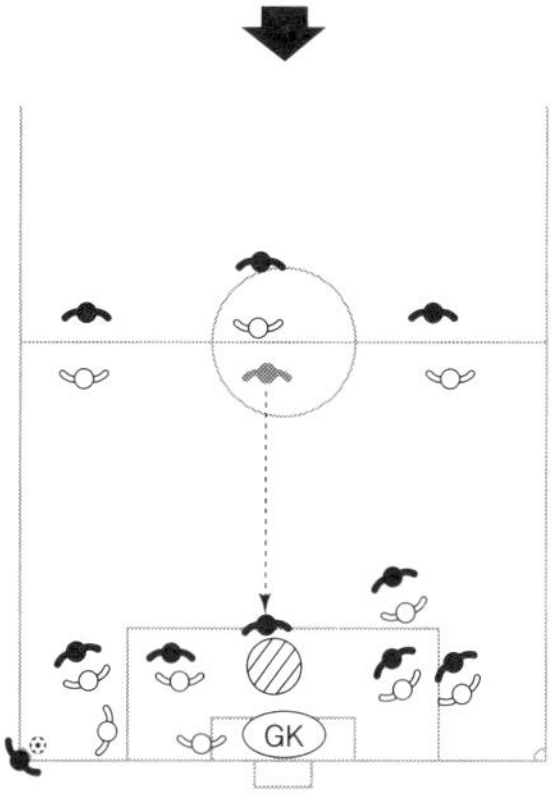

ショートコーナーを装いつつ、選手全員がどちらかのサイドに相手を引き連れる。ゴール前を空け、前線をケアしていると思わせた 1 人だけをフリーにする。

------→ 人の動き

今は、誰でもがわかりやすいようにある程度動きの限られたコーナーキックの場面で説明をしてみましたが、実際の試合では90分の間このような攻防が続いているのです。どこかで数的優位を作ろうとし、それに対しマイナス1をどこかで補っている。それを常に動きのある状況の中で読み解いていくのがコーチの眼なのです。

また、**フリーキック**のときは壁が1つのポイントになります。壁に必要な枚数は決まってくるので、そこでどのような攻防を演じるのか。それぞれのエリアにおいて壁に何枚割いてくるのか、ボールを動かすとすぐに壁を崩してくるのか、キックとともにジャンプするのかなども押さえておくべきでしょう。

直接狙うのが難しいとなると、攻撃側のチームはトリックプレーを使ったり、一度サイドに振ってから折り返したりして、余らせた選手（フリーになった選手）にシュートを打たせようとします。また、GKの視野をどのように奪い、また守っていくかもフリーキックの攻防の大きな要素です。

相手のチームに優秀なフリーキッカーがいる場合は、ゴールに近い位置での無用なファウルに注意しなければなりません。また、フリーキッカーの蹴り足、スピードや曲げ方といった球種、得意な位置を把握しておくことも大切です。

日本代表には今、中村俊輔と遠藤保仁という卓越した2人のキッカーがいます。2人の存在によって、セットプレーが大きな武器となっています。

２００９年のコンフェデレーションズカップを見てもわかる通り、近年世界レベルのサッカーではファウル数が減少している傾向があります。それは、どの国にも一発でゴールを奪えるものすごいキッカーがいることと無関係ではないでしょう。

中村や遠藤のような素晴らしいキッカーは、ただピッチにいるだけでファウルできないというプレッシャーを与え続けているのです。彼らにはそれだけの威圧感があります。

どういうわけか日本には「流れの中から……」という議論があります。セットプレーから2点取って２－０で勝っても、「流れの中からの得点がなかった」と批判されることが多い。でも、勝利に変わりはないし、セットプレーを与えたらゴールを奪われるかもしれないという威圧感があることは大事なことだと思います。

中村は、どこからでも速いボールを蹴ることができます。しかも、巻いて落とせる。本来、速いボールは直線状に飛ぶので相手の選手にぶつかることが多い。けれども、速くて曲がって落ちるフリーキックは違う。直接ゴールを狙えるだけでなく、守備側が最も嫌がる、ＧＫとＤＦの間にボールを入れることができるのです。現在、中村ほど精度の高いボールを蹴る選手は、世界でも数えるほどでしょう。

遠藤は直接狙えるし、縦・横・高さの3次元でピタリと合わせることもできる。彼にはコロコロで知られる、抜群の精度を誇るＰＫという武器もあります。

いずれにしても左右両方優れたキッカーがいるということは、日本代表にとって大きな武器です。日本の持ち味である連動したパスワークを前面に出したサッカーをするとき、ファウルで止められるのは避けたい。そんなとき、中村と遠藤の存在が睨みを効かすことができるのです。

スカウティング 分析ポイント

相手チームを分析する際のポイントは数多くあります。さまざまな要素が絡み合うため、あくまで目安にはなりますが、２章の内容をまとめていますので、観戦の際に活用してみてください。

システム　相手チームのシステム（並び）を見て、情報を集めていく

▼フォーメーション（4-4-2、3-5-2、4-2-3-1…etc）

自チームと並びを比較して、マッチアップを確認。「ボールがここにある場合」を何パターンか想定して、両チームの選手たちが取るだろうポジションをイメージする。それによって数的優位・数的不利がどこに作られているのかが見えてくる。

▼トップの配置（1トップ、2トップ、3トップ…etc）

トップの配置から、おおよその攻撃の意図を把握していく。同じ1トップでも、守備を重視するためだったり、前線に飛び出すためだったりするので、どのパターンなのかを見極める。

プレースタイル　チーム全体として、どのようなプレーを志向しているのかを確認する

▼プレースタイル（ポゼッションプレー、ダイレクトプレー…etc）

大きく分けると、ボールをつないで攻めるポゼッションプレーと、できるだけFWに早くボールを当てて攻めるダイレクトプレーが挙げられる。おおよその傾向を把握することで、対策が立てやすくなる。

▼**得点パターン・失点パターン**

チームの長所と短所が如実に表われることの多い得点パターン・失点パターンは、細かい分析のための入り口になる。数試合分のデータを蓄積することで精度が高まっていく。

攻撃・守備の中心選手　攻守のキーマンは誰か。どのようなタイプの選手かを把握する

▼**プレーメーカー**

チームの中心として、攻撃を組み立てる選手のこと。オンザボールだけではなく、オフザボールの動きによって、チャンスメイクしていることがある。

▼**ゴールゲッター**

得点能力の高い選手のこと。ゴールへの嗅覚を持つ選手は要注意。

▼**ホットラインの特徴を把握する**

絶妙なコンビネーションを持つ2人が誰かを把握する。チームの得点源となっているので、特別の予測を立てる必要がある。

▼**DFリーダー**

ラインをコントロールしている選手が誰かを把握する。DFリーダーにボールを持たせないようにプレッシングをかけて、仕事をさせないという戦い方もある。

攻撃パターン　攻撃に関してどのようなパターンがあるのかを見抜く

▼**ビルドアップの方法**

最終ラインから中盤にかけた構成と、ビルドアップの仕方を観れば、数的優位をどのように作ろうとし

ているのかがわかる。

▼スペースクリエイトのパターン

どのようにスペースを作り、どのようにスペースを作っているのか。チームの約束事であったり、特定の選手の動きが決まっている場合もあるので、選手の組み合わせをつかむ。

▼カウンターのパターン

ショートカウンター、ロングボールからのカウンター、コレクティブカウンターなど、相手が得意なパターンをつかんでおく。起点となる選手が誰なのかを、把握する。

▼サイドの使い方とクロスの傾向

いろいろな選手が飛び出してくるのか、ウイングを張っているのかを把握する。クロスは、アーリークロスやハイクロスなど、得意なパターンを確認する。

守備パターン　守備に関してどのようなパターンがあるのかを見抜く

▼守備のスタイル（フォアチェック、リトリート…ｅｔｃ）

高い位置からプレッシングをかけてボールを奪おうとするフォアチェックをしているのか。ラインを決めてしっかり引き、そこにブロックを作って守るリトリートをしているのか。

▼プレッシングのかけ方

中から外に追い込み、縦パスを出させて奪うシールオフか、縦パスを出させないように網を張って、横パスを狙うネットディフェンスか、プレッシングのかけ方を確認する。どの方向に追い込み、ボールを奪おうとしているのか、守備の志向を把握する。

▼アウトサイドとボランチをどの選手が見るのか

1人が1人につきづらいポジションである、アウトサイドとボランチを誰が見ているのか。そこでの対応から、チームコンセプトと同時にウィークポイントも見えてくる。

▼最終ライン

3バック、4バックあるいは5バックが基本。守り方には、「ボールを中心にする」「ゴールを守ることを中心にする」「スペースをいかに埋めるかを中心にする」「人と人を中心にする」の4通りくらいの発想がある。

▼高さへの対応

身長のある選手に対して、どの選手が対応し、どのようにマークを受け渡しているのかを確認する。

▼GKとDFの連係を確認する

GKがビルドアップにどれだけ参加しているのかを確認する。

▼DFのウィークポイントを確認する

どこにスペースができるか。マークのずれは起きていないか。DFの選手が振り向くときに苦手方向があるか。ボールウォッチングの癖があるか。

選手個人の能力

選手それぞれの能力がどれくらいかを把握する

▼身体能力

身長や体重、そして体の強さや、ヘディングするときの高さなどを確認する。

▼スピード

ドリブルスピードや、ランニングスピードが卓越した選手は、注意が必要。オンザボールとオフザボールでのスピードの違いにも注目する。

▼テクニック

ボールコントロールの技術、パスの精度や質、キックの正確性を確認。オンザボールとオフザボールでのテクニックの違いにも注目する。

▼判断力（インテリジェンス）

技術を活かすために重要な要素。グッドプレーヤーかどうかを見極めるための条件として大きなウエイトを占める。特に、ボールを受けたとき、オフザボールのときの動き方を確認する。

▼利き足、及び利き足依存度

利き足はどちらか。利き足により、フェイントのかけ方も変わってくる。それによって、プレッシャーをかける方向を考えていく。

▼メンタリティ

チームが苦しいときに強いメンタリティを発揮できるか。ただし先入観を持つことは危険。積み重ねから判断する。

セットプレー　攻撃に関して

▼キッカーの蹴り足と球質

右足キッカー、左足キッカー、そのどちらもがいるのか。またキッカーのボールスピードやボールの曲がり具合なども確認する。

▼トリックプレーのパターン

チームとしてのトリックプレーのパターンを確認する。練習時にわかることが多い。

▼スペースの作り方

フリーキックのときは、一度サイドに振ってから折り返すなどでフリーの選手を作る動きを把握する。コーナーキックのときは、ゴール前にいる選手が、どのようにスペースを作ろうとしているのかを確認する。

セットプレー　守備に関して

▼壁の作り方

壁に必要な枚数は決まっているので、どのような攻防を演じているかを確認する。

▼カウンターの狙い方

FWの残り方から、カウンターをどのように狙っているのかを確認する。

▼GKの守備範囲

GKの飛び出し方、シュートに対する反応速度、得意不得意なコースなどを確認する。

▼ポジション取り

選手たちのポジション取り、ショートコーナーなどへの対応、マークの甘い選手がいるかも把握しておく。

Chapter 3

サッカーを“観る眼”を鍛えよ

▼▼▼試合前に100通りの状況を想定する

選手たちは、スカウティングでつかんだ情報を頭に入れて試合に臨みます。

一方、監督やコーチ陣は試合の流れを見ながら何を考え、どのように采配を揮《ふる》っているのか。時間をかけて進めてきた準備を、実際の現場でいかに活用しているのか。

監督やコーチ陣は実際のゲームにおいて、刻々と状況が変化する中でチームを操っています。コーチングスタッフは、実にさまざまな「駆け引き」をしているのです。

私が監督をしていたときは、

「俺は開始3分で自分たちのチームが機能しているかどうか確認するから、お前は相手の並びと意図を探れ！」

とコーチに言っていました。

最初の数分でしっかりチェックしておかないと、致命傷になる怖れがあるのです。

並びが、予想通りなのか、予想と違っているのか。

予想と違っていた場合は、「自分たちの左サイドをケアしてきてるな。でも待てよ、そのために相手はどこで犠牲を払ってるんだ？」というように考えることで、相手の監督の意図を探っていきます。

相手の意図と自分たちの意図を照らし合わせるうえで大事なことは、サッカーは「11人対11人のスポーツ」ということです。どれだけ手を尽くしても、12人でプレーすることはできない。監督はすべて、手持ちの11人に与える役割を工夫して戦略を立てています。だからこそ、相手の11人と自分たちの11人のマッチアップを探る必要があるのです。

相撲でいうならば、得意な形が同じ「相四つ」で組み合っているのか、得意な形が反対の「ケンカ四つ」で組み合っているのかということ。相四つは自分たちも心地いいが、相手にとっても得意な体勢。ケンカ四つは、お互いどこかにミスマッチが生じているということです。

ミスマッチを解消すべきなのか、解消しないで置いておくべきなのか。そこは監督を悩ませる采配の分かれ目です。ミスマッチを解消することは、自分たちも良くなるが、それは相手においても「自分たちの形」になってしまうことを意味しています。

例えば1ボランチで戦っている場合、相手がトップ下に2枚配置して仕掛けてくるとすると、1対2のミスマッチが起きます。そのとき、慌てて自分たちも2ボランチにして安心するのか。1ボランチに少し我慢をさせて、相手もどこかで生じているはずの問題点を突くようにサイドや2列目で数的優位を作ろうとするのか。そこを見極めるのです。なぜなら相手もどこかで代償を払っているはずで、今はそれを砂にまぶしてあるだけなのですから。

動くべきか、待つべきか――。

結果がすべてなので、勝てば正解、負ければ不正解と言えるのかもしれません。ただし、ミスマッチを解消する＝守りの姿勢に入るとも言えます。相手のチームの牙を折ったけど、自分たちのチームの牙も折れてしまう可能性がある。

そもそも、絶えず状況が変化する実際のゲームでは、予想通りの展開で90分が過ぎるなんてことはあり得ません。だから、何パターンか考えておいたとしても、それ以外の状況になる場合が多いと割り切る方がいいでしょう。

とはいえ面白いもので、相手がどうくるか一通り考えて準備をしておくと、それ以外の状況になっても意外と「ああ、そうきたか」と、それほど慌てずに対処できるのです。逆に、ある程度の心の準備をしておかないと頭が真っ白になって、後手後手に回ってしまうことが多い。

優秀な監督なら、試合に臨む際に少なくとも100通りぐらいの状況は想定しているのではないでしょうか。

100通りのパターンの内訳は、相手のチームの想定、自分たちのチームの想定、そしてその組み合わせです。相手のチームが1トップでくるかもしれない、4バックでくるかもしれないというようないくつかの想定をします。一方で自分たちのチームの場合、選手の調子が悪かったらどうするか、開始5分であの選手がケガをしたらどうするか、こちらが選手交代をしてから相手がパワープレーを仕掛けてきたらどうするか、リードしたときエースがダウンしたらどうするか……などと、あらゆる可能性を考えるわけです。

フランスワールドカップのときの岡田さんは、試合の前々日くらいになると、こめかみに血管が浮いてくるぐらいのテンションになっていました。

相手のチームがどうしてくるのか、自分たちのチームの各選手のコンディションがどうなのか、この組み合わせで本当にいいのか、いろいろなことをずっと考えていたのでしょう。あまりにもピリピリと張りつめたムードに気圧されて、他のスタッフも普段なら直接聞きにいく用件でさえ、私に言ってくるような感じでした。

とにかく、すべての可能性を潰していく。試合展開に関しても同じです。相手にリードを許した場合、自分たちが1点リードしている場合、2点リードしている場合、同点のまま残り15分になった場合……。前日の夜、一通りすべての想定を終えると、岡田さんは嘘のようにすっきりとした表情に変わり、そんなときは一杯だけ飲んで寝るとするか、となったものです。

試合の立ち上がり、相手の意図を読む時間もなく失点して、自分たちのプランも大きく崩れて修正しなければならないという場合があります。または意図は読めたけど、そこに対処する前に得点を奪われる場合とか。要するに、ゲームプランの根本が狂ってしまうときです。

0－0のまま試合が進めば、こうやってゲームを進められる。でも、1点ビハインドになると最初のプランを変えざるを得ない。そんなときは、試合の中でいかに選手たちに意図を伝えて問題を解決していくか、という作業になります。

監督は頭の中ではもちろん1点ビハインドの状況をシミュレーションしています。けれども、「1点取られたらこうしよう！」と選手たちに話すと、ろくなことにならない。ネガティブな情報になるからです。話したせいではないのかもしれませんが、本当にキックオフ5分で失点したこともありました。

監督の頭の中にある情報と、選手に伝える情報は必ずしも一致しません。与えるべき情報と、与えるべきではない情報は選別されているのです。これは繰り返しになりますが、スカウティングでつかんだ情報を伝えることの一番の目的は、選手たちを堂々とピッチに立たせることです。そう考えると、情報の取捨選択は大きな仕事になります。

とにかく、選手たちに自信を持たせて、胸を張ってピッチに出て行かせる。それがコーチングスタッフの役目なのです。

▼▼▼失点したときのベンチの動き方

失点したときにベンチはどう動くべきなのか。

すぐに手を打たないとズルズルと悪くなってしまうこともあれば、そこを耐えてなんとか持ち直せることもあります。できることなら、ビハインドになっても選手が自分たちでグッと盛り返して、活力を持って戦える状況にしたい。監督が手を施《ほどこ》すのではなく、選手たち自身の判断と力で状況を良くすることができたら最高だと思います。

ですから、ベンチが動かないことも1つの手です。失点して選手たちが落ち込んでいるとき、ベンチも慌てふためいているようでは選手たちの不安が募るだけ。

それよりも動かないことで、

「大丈夫！　このままで絶対に戦える」

というメッセージを選手たちに伝えることもできるのです。

本当にこのまま戦っていて大丈夫かどうか自信はないけど、選手たちに不安を与えないためにベンチに座って、問題ないような振りをすることも采配のテクニックです。

「お前たちを信用しているよ」

そんな顔をしてドカッとベンチに座っている。そして、もし逆転して試合をものにできれば、選手自身で問題を解決することに一歩近づけるかもしれません。

もちろん、このままでは悪くなる一方と思えば、パッと選手を呼びつけて「そこを変えろ」と指示しなければならないことも多々出てきます。それはケースバイケース、本当に千差万別です。試合の状況を的確に判断して、適切な対処をすることがベンチの仕事。

慌てて動くとろくなことがない、といった場合もあれば、即決できないと致命傷になる場合もあります。しかし、そのどちらにしても、選手たちのメンタル面を考慮すると、ベンチは少なくとも慌てていないと見せるのが大事かもしれません。とにかく精神的に相手よりも優位に立つこと。ベンチを見た選手たちが自信を持ってプレーさえできれば、動くのも、また動かないのも正解と言えるでしょう。

動く場合は、具体的な指示を出すことが大事です。「アイツを抑えろ」と言うだけで具体的な指示を出さなければ、「どうしたらいいんだ?」と不安に陥るだけ。「怖がらないでポジションを上げろ」とか「縦を切って横にパスを出させろ」など、試合が始まってからは選手が動きやすい指示を出すべきです。

状況を読んで的確な対処法を考える

対戦相手の状況や試合展開によって臨機応変に対応することも、コーチングスタッフの大事な仕事です。

08年11月19日の南アフリカワールドカップ・アジア最終予選、アウェイで3－0で勝ったカタール戦でもいくつかの変更点がありました。それまでのアジア最終予選の2試合、日本代表はともに1トップの布陣を採用していました。

3－2で勝利した初戦のバーレーン戦は、玉田圭司が1トップを務め、中村俊輔、田中達也、松井大輔が2列目に入りました。1－1に終わったウズベキスタン戦は玉田が1トップ、後方に中村俊輔、大久保嘉人、香川真司（現・セレッソ大阪）の3人が並びました。

しかしカタール戦は、玉田と田中の2トップでスタート。

そこには明確な意図がありました。それはむしろ攻撃を考えた場合のコンセプトというよりは、相手のセンターバックにプレッシングをかける、要するにボールを奪い返すための意図。もっと言えば、相手の最終ラインの４人にプレッシングをかけることが本当の狙いでした。

そのために1トップから2トップへ変更したのです（図13）。

それまでの1トップ（４－２－３－１）で相手の４バックに対峙すると、1トップと2列目の両サイドが相手の最終ラインにプレッシングをかける形になるので、３人で４人を見る３対４の状況になります。よって中盤かＤＦラインではプラス１の状況を作れるのですが、あのときはタイミングによってはあえて４対４の状況を作ったのです。

カタールの最終ラインの４人すべてにプレッシングをかけることで、キーマンであるＦＷセバスチャンへのフィードを封じること。もう1つは、高い位置でボールを奪うことで素早くゴールを狙うことが目的でした。

前線からのプレッシングは効きました。しかし、その分代償を払っている部分もある。それを利用されてセバスチャンにボールを供給されたら危なかったと思うのですが、幸いまぶした砂は吹き飛ばされずに済みました。日本代表の全体の運動量で何とかカバーした部分も大きかったと思いますし、カタールが日本の弱点を見抜けなかった部分もあったような気がします。とにかく致命傷になりかねない穴を突かれることなく、３－０という結果を得ることができたのです。

ピッチには11人しかいない。どこかにストロングポイントを作れば、必ずどこかにウイークポイントができる。ある1点にばかり気をとられるのではなく、全体を見渡せば必ず相手の穴に気づくものです。

図13　南アフリカW杯 日本代表 最終予選でのフォーメーション

〔ウズベキスタン戦〕(2008.10.15)

〔バーレーン戦〕(2008.9.6)

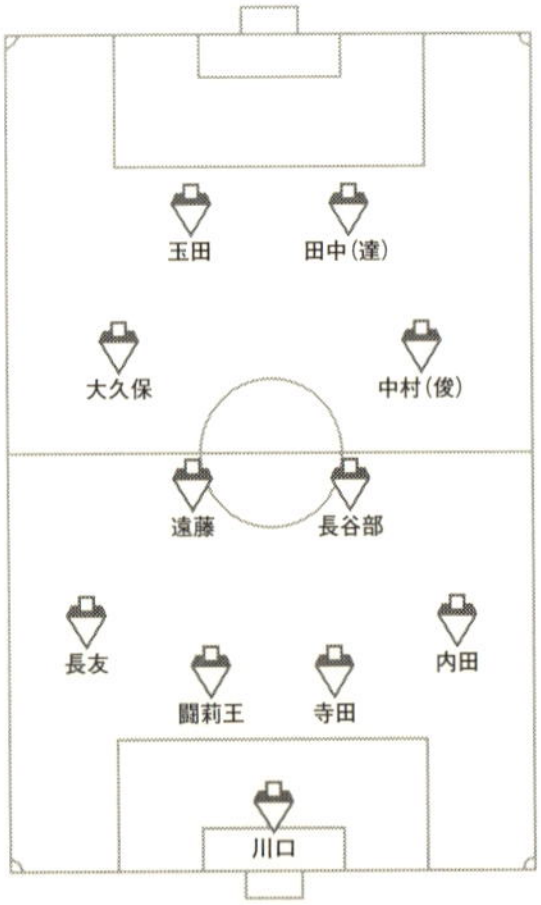

〔カタール戦〕(2008.11.19)

バーレーン戦とウズベキスタン戦では、1トップを採用していたが、カタール戦では2トップの布陣で挑んだ。2トップが、最終ライン4人すべてにプレッシングをかけることで、キーマンMFセバスチャンへのフィードを封じる狙いがあった。

もちろん、どんなチームでも弱点は砂をまぶして隠そうとします。だから「観る眼」を持っていなければ、どこが弱点か見分けるのは難しい。しかし、何事でも1つの現象だけでなく全体を見渡す癖をつけておけば視野が広がり、いずれは真実を見抜くことができるはずです。

選手交代でベンチの意図がわかる

選手交代には、チームの意図がはっきりと表れます。

交代は大きく分けると2種類。1つは、選手がケガをしたり、疲労で動けなくなったりして、単純に他の選手に同じ役割を背負わせるリプレイスという意味合いの交代。もう1つは、その意図を見抜くのが重要になる戦術的な交代です。

交代のカードにはベンチからのメッセージが込められています。

例えばリーグ戦で1－1のとき、さらに攻めに行くか、あるいは守り切ることに重点を置くかというケース。DFを入れたら、選手たちは「ああ、まずはがっちり守れっていうことか」と思うでしょうし、DFを下げてFWを入れたら「リスクを冒してでも点を取りに行けってことなんだな」と感じるでしょう。

つまり交代そのものに、選手たちの意思統一を図る効果がある。ですから、選手交代の意図を読み解くことで、「この先、このようにゲームを進めたいんだな」という察しがつくのです。意図を読み切れないと、選手交代後3〜5分で、相手のやりたいような形に持ちこまれる怖れがあります。

そもそも完全なターンオーバーで戦えるトップクラスのチームを除いて、だいたいのチームは現状においてのベストと考えられるメンバーでゲームに臨むものです。100パーセントに近い顔ぶれでキックオフを迎えるのが基本でしょう。2チーム分でローテーションが可能なごく一部のヨーロッパのトップクラブを除いては、ベンチに控える選手の方が明らかにレベルが上というケースは、めったにないと思います。

切り札、ジョーカー的な起用をされる選手もいますが、だいたいの場合は先発起用をためらう何らかの理由があるものです。「あれだけいい選手なのに、なぜスタメンで使わないのか」と考えると、素晴らしい攻撃力を持っているけど、どうもチーム全体のテンポが落ちてしまうとか、組織的な守備ができないから穴になる危険性があるといったことに気づいたりします。

ところが選手交代は、総合力を落としてでも、局面のところで優位に立つために決断するもの。そこに交代の面白さがあるのです。

わかりやすく説明しますと、スタート時点でのチームの総合力を仮に100としてみましょう。ケガや疲労した選手、あるいは、相手に完全に封じ込められている選手のリプレイスの場合は、90に落ちてしまったパワーを100までとはいかないまでも96、97に戻すと考えてみてください。

戦術的交代というのは、たとえ総合力を100から落としたとしても、ある局面でのパワーを増したいということなのです。

例えば、2トップから3トップへと変えて猛攻を仕掛けてきた。相手の前線でのパワーは20から30へ跳ね上がったように見えます。そこで慌てて3バックから4バックに変えるのも1つの方法ですが、ちょっと待ってください。前線でのパワーは上がったように見えるけれど、総合力では必ず少なからず落ちているはずなのです。

であれば、カードを切った後にその代償、10プラスα分を払っているはずなのです。もちろん、相手はそれを分散したり砂にまぶしたりして見えないようにしているものです。しかし、そこを見抜くことができれば、4バックにするという「対処」だけでなく、その部分に「打って出る」という選択肢も出てくるのです。

変化に対して「対処する」のか「打って出る」のか、ゲームの終盤ではそんなすさまじい駆け引きが途切れることなく展開されているのです。

選手交代のタイミングとしては、前半の半分ぐらいになると「さあ、どう出ようか」と監督は頭を悩ませます。うまくいっていれば代える必要はないけど、良くない場合は後半の頭から1人代えることも考えます。

あとは後半の15分過ぎ、30分過ぎあたりが選手交代のポイントになります。できることなら相手の2分後ぐらいに交代したい。相手の手の内を見てから、すぐにそれを打ち消し、かつ、自分たちの意図を上にかぶせたい、と考えるのが普通ではないでしょうか。アシスタントコーチが相手ベンチをキョロキョロ見ているような場合はそんな駆け引きです。先に動くのは避けたい。けれども、相手のことばかり気にしていて、ウダウダしているうちに交代する機を逸してしまったら、それは最悪のケースになります。

うまくいっている場合、あえて戦術的な部分を変える必要はないと私は思います。どのような試合を理想とするかは人それぞれでしょうが、先発した11人で試合を終わらせることが最高だと考えている監督も実は多いのではないでしょうか。

ほかにも、交代にはいろいろな要素が絡んできます。若い選手に経験を積ませるための交代だったり、モチベーション維持のための交代だったり。あるいは次の試合を考えて疲れた選手を休ませたり、少しでもピッチに立たせることで出場給をつけてあげたり。そのあたりの事情を抜きに考えて、スタメンの11人が自分たちで問題を解決しながら90分戦い抜くことができるなら、それはそれで素晴らしいことだと思います。

▼▼▼リザーブの選手の強いメンタリティ

終盤での駆け引きの中で威力を発揮するのが「スーパーサブ」と呼ばれる選手ですが、どのような選手がそのような存在になれるのでしょうか。

スピード、高さ、ゴール前の嗅覚など突出した持ち味を持っているだけでなく、彼らには強いメンタリティがあります。皆さんから見る彼らの仕事は終盤の10分、15分かもしれませんが、出場するかどうかもわからない中で、スーパーサブの選手は膨大な時間を準備に費やします。そういった心理状況に耐え得る選手なのです。

日本代表ともなれば、起用を巡る難しさは色濃くなります。

当たり前ですが、代表に選ばれる選手は各クラブのエース、核となっている中心選手ばかり。クラブでは自分を中心にチームが構成されている。つまり、ベンチに座る経験をしたことがない選手が多いわけです。にもかかわらずコンスタントにモチベーションを保ち、いざというときに持てる力を発揮できる選手は相当強いメンタリティが必要とされます。

西ドイツ代表の監督としてワールドカップ優勝も経験しているヘルムート・シェーンは、こう言っていました。

「私は11人の選手を選び、あとはリザーブでも耐え得る選手でチームを構成する」

そこまで割り切る必要はないと思いますが、チームマネジメントは非常に大切です。試合に出られないなら……と練習で手を抜いたり、腐ったりする選手がいて、結果的にチームがバラバラになっては意味がありません。

フランスワールドカップに出場した日本代表では、中山雅史（現・コンサドーレ札幌）のメンタリティは際立っていました。

中山は特に、ハンス・オフト監督が率いた日本代表時代にスーパーサブ的に使われていました。チームの調子がいいときは出番がない、使われるときは苦しいとき。そんな状況でも、しっかりと結果を残してきました。

加茂さん、岡田さんと監督が代わっても、彼の練習に取り組む姿勢は同じでした。出番があってもなくても、誰よりも早く練習に来て、誰よりも全力でトレーニングする。練習に臨む姿勢、試合に臨む姿勢、すべてがお手本でした。そして試合では、どんな状況でも自分の最大限のプレーを見せていました。

スーパーサブとはニュアンスが異なりますが、代表では第3GKの存在も大きいと思います。第2GKには「正GKがケガをしたら次は俺の番だ」という意識があり、モチベーションを保つこともできるでしょう。しかし、第3GKは違います。もしものためにという感じが強いので、よほどのメンタリティがないと務まりません。

フランスワールドカップでは小島伸幸（元・ザスパ草津）がその大役を務めてくれました。厳しい競争の中で小島が第3GKの座をつかんだのは、強いメンタル面が評価されたからです。彼もまた素晴らしいメンタリティの持ち主で、どんな状況でも腐らずに、ほのぼのとした独特の空気を醸し出してチームをまとめてくれました。

選手たちは、一人ひとりまったく違った個性を持っています。そしてそんな個性的な選手たち全員が同じ方向を向いて戦うことができたときに、チームは一番力を発揮できるのです。

▼▼▼ マエストロのようにチームを導く

理想の監督とは？

時々そんなことを考えます。

あくまで理想なのですが、選手たちが自分たちで戦況を見極めて、自分たちで解決法を探って、ピッチの中で自分たちで解決する。監督の存在がピッチから消えて、選手の力だけで勝てるのであれば、それが一番だと思います。

そうできるように普段から選手たちを鍛えることのできる監督。いざ試合が始まるとベンチからすーっと消えていくような監督。実際はあり得ないとわかっていながらも、私は、そんな監督が理想だと考えています。試合に臨むまでに完璧に仕上げてあるから、あとは選手たちを信じて任せるだけ。

選手たちをピッチに送り出すまでが最大の仕事。私には、そのような信念があります。

試合中の90分間、考えに考えて策を練るのが監督の仕事のように思われがちですが、情熱を持って普段から選手たちを指導して、万全の状態でピッチに送り出すことができたら、その方が素晴らしい監督と言えるでしょう。

実際に何かが起きる前に判断していくために、いろいろな状況を想定しては入念に準備する。事が起こってから後付けで理屈を語る評論家とは違い、何かが起こる前に勇気をもって決断し、その責任を負うのが監督・コーチングスタッフの仕事です。

もちろん、結果がどう出るかはわからない。自分のやり方でいい方向にいくかもしれないし、悪い方向にいくかもしれない。不確実なことが多い状況下で、それでもしっかりした情報を参考にして決断する。そのような日頃の努力こそがコーチに求められる仕事なのです。

しかも、引くのも正解、打って出るのも正解という場合があります。

自分の意見を主張する選手が何人かいたとして、それぞれが異なることを言ったとします。そんなとき、すべてが正解ということもあり得るのです。

Aの言うことはもっともであろう。でもBの意見に従っても、Cの意見に従っても全員がその方向で結束できれば、往々にしてそれが正解となるのです、しかし、みんながA、B、Cとバラバラのピクチャーを描いていてはチームとして最悪の結果になります。正解はあるものではなく、作り出すもの、同じ方向に進まなければ意味がないのです。

プロの選手ともなれば誰もが個性が強く、それぞれ独自のサッカー観を持っています。そこを1つにまとめるのは容易ではありません。選手同士、そこに年齢や経験の差が関係してくれば、実際問題として監督抜きで、選手たち同士でベクトルを1つにするのは困難です。

そんなときオーケストラの指揮者のような人、全員を同じ方向に導く人が絶対に必要になる。そんな役割を担っているのが監督なのです。さまざまな個性や考え方を持った選手たちを1つに束ねて同じ方向に進ませる。そのためにマエストロ＝監督がいるのです。

2点リードが一番危ない理由

試合には「流れ」というものがありますが、なかなか解明できない要素でもあります。選手交代やハーフタイムを挟んで急激に流れが変わることもありますが、試合中に突然流れが変わることも少なくありません。何をきっかけに流れが変わるのか。私自身いまだにその答えは見つかっていません。

試合中、何かを変えなくてはいけないと感じたとき。すぐに手を打って流れが良くなることもあれば、我慢して流れが傾いてくることもある。また、下手に手を打ってドツボにはまった経験もあります。

明らかなミスマッチになっている場合があるとします。自分たちの1ボランチに対して相手が2人で、数的優位を作られている。どうしても1人では抑えきれず、バイタルエリアに入り込まれてどんどん攻められているようなケースです。そんなときでも、自分たちを2ボランチにすれば問題が解決するかというと、そうでもなかったりする。そこを我慢して踏ん張ることができれば、今度は自分たちが相手の一番痛いところで数的優位な状況を作れるようになったりするのです。

手を打つことで、傾いてくるはずだったいい流れを手放してしまう、そんなこともあります。手を打たないとダメなときもあるし、手を打って失敗するときもある。だから難しい。

それまでいい流れで戦っていて、相手が何かを変えたわけでもないのに、急に流れが悪くなることもあります。そんなときは得てして、ほんの一歩が出せていなかったり、何となく攻め込まれているから後ろを気にして半歩遅れていたりするものです。

ゲーム中の一歩の遅れはわずか1プレー、コンマ何秒になるかならないかの差です。しかし、チーム全体でそうした一人ひとりの遅れが積み重なると、結果的に相手チームに主導権を握られたりします。

そう考えると、論理的に、戦術的に正しいであろう選手交代をしたからといって、必ず流れが良くなるとは限らないのです。そんな保証はどこにもない。

とにかく、ゲームの流れを読んだり、流れを操るには、微妙なさじ加減を要するのです。

サッカーは非科学的な面があり、だからこそ面白いスポーツでもあるのですが、そのあたりも考慮してコーチは判断する必要がある。そこもまたコーチの「観る眼」の問題です。

私自身、何度も何度も悩んできました。

受けて立つべきか、打って出るべきか——。そこは、いつだって頭を悩ませる大きな問題です。相手はここに人数をかけてきている、だから同じだけの人数を割いて対処しようか。それとも、手薄になっている部分を攻めて流れを変えようか。常に迷います。

何らかの手を打ってその場をしのいで、形勢逆転して押し気味にゲームを進められたとしても、結果どうなるのかは別の話です。「よしっ、うまくいった。勝ちはもらった」と思った瞬間に、どうしようもない失点を食らうこともあります。

私は自分の性格的には打って出たいタイプなのですが、常に打って出るのもどうかと思います。それで当たればいいが、なかなかそうもいかない。

また、同じアプローチばかりしているとチームとしての厚み、言い換えればバリエーションが限られてしまいます。守り切るというメンタル、全員で踏ん張るというスピリットを鍛えるのも大事なことなのです。

誰だって、守るよりは攻める方が好きでしょう。ゴール前を固めているよりは、相手のゴールを脅かしている方が、観客側も楽しめるはずです。それでも、最後の最後苦しくなったとき全員で必死に耐えるというスピリットは、やはり真剣勝負を通してしか培えないものなのです。

もちろん、その逆も言えます。常に受けてばかりいるチームは、前への推進力が衰えてしまう。苦しいときに勇気を持って攻めに出て、相手に止めを刺すのもまた大事なことです。そういった意味でも、攻守のバランスがとれたチームが強いのです。

コーチとしては、1－0でリードしているときの采配が一番難しいかもしれません。残り5分、相手が仕掛けてきて、次のカードで打って出るべきか、対処すべきか迷った挙句、対処する方を決断して結局はやられてしまうという場合が最悪です。「あと少し、もう少し勇気があれば勝点3取れたのに……」というときは一番悔いが残ります。

ただ、最近リードしているときに「攻めに行くのか、守り切るのかよくわからなかった」などという選手のコメントを見ると、それもどうかなと感じます。

サッカーの攻防を、「城を落とす」ことに置き換えて考えてみてください。もちろん相手が城門をきっちり閉めて守っているときに突っ込んでいったら犬死になります。だからこの場合は、隙を見つけるように回り込み、時には正面から行くぞと見せかけて手薄になった横を突いたりします。ところが、相手がしゃにむに出てきて城門が開けっ放しだったらどうでしょう。機を見て一気に突き進んで勝負をつければいいのです。

ゲームの終盤、相手が必要以上にバランスを崩して攻めてきたら、機をみて息の根を封じる。どんな状況の中でも最低限ピッチ内でそこまではできるようにしたいものです。

サッカーの世界のセオリーの1つに、「2点リードしているときが一番危ない」というものがあります。どうして2点もリードしているのに？ と思う方がいるでしょうが、そこには歴然たる理由があるのです。

試合の終盤に0－1でリードされていたら攻めに行かなきゃいけない。でも、2点目を失って0－2にされるとほぼ勝敗が決してしまう。1点取らないと負けてしまうのに、心のどこかには2点目を失いたくないという気持ちがあるのです。

「0－1のままなら、残り1分でも同点に追いつけるかもしれない」

そんな期待があるのです。

ところが0－2の場合は、失点するリスクを考えていても仕方がない。選手たちは、おそらく

「0－2も0－3も同じ」ぐらいの気持ちで攻めに出てくるでしょう。ベンチも、博打を打つ覚悟でガンガン前へきます。前がかりになってきた裏を突いて3点目を奪えればいいのですが、相手の捨て身の攻撃が当たって1点入り1－2になると、ボルテージが一気に上昇する。その勢いのまま2点差を引っくり返されることはけっこうあるのです。

09年9月9日。オランダで行なわれた日本代表対ガーナ代表が、まさにそんなゲームでした。残り15分を過ぎて1－3と2点リードされていた日本代表は、玉田圭司、岡崎慎司のゴールで同点に追いつき、最後は稲本潤一（現・川崎フロンターレ）の一発で逆転勝利を収めました。2点のリードを奪っていたガーナの選手たちの足が止まったという面があったとはいえ、2点差を跳ね返す見事な勝利でした。選手交代で攻撃陣を活性化させ、攻める姿勢を示し、選手たちも点を取るしかないという気持ちになった結果だと思います。

ハーフタイムでチームに活力を

ハーフタイムは、選手交代と並んで試合の流れを変えられる転機と言えます。

ハーフタイム、私は選手同士に話をさせることから始めます。その間に、スタンドから試合を観ているコーチたちと意見を交換し合って、一緒に戦略を練っています。選手同士の話し合いが建設的なものになるかどうかは別にして、まずは選手たちが考えていることを言葉にさせます。

「もっとディフェンスしてくれよ」

「どうしてシュートしないんだ」

「フォローが足りない」

というように、それぞれの選手たちが前半の45分で感じたことをぶつけ合うことで共通理解を図り、また気持ちを発散させるのです。

そのとき、1人のコーチをモニター役として選手たちの近くに置いておきます。そのコーチは例えば選手の足を氷で冷やして「お前、ケガは大丈夫か?」などと言いながら、選手たちの言葉をよく聞いておきます。

そして、私たちが「上から観るとこうなっている」とか、「左サイドが押し込まれている」とか、「後半はここを代えた方がいい」などと戦略を立てているところにモニター役のコーチが戻って来て、「選手たちはこんなことを思っています」と報告します。

その報告を聞いて、選手たちにどのような言葉をかけるのか、何と言って自信を持たせるのか、頭を整理します。

「そうか、問題点が4つ、5つあるけど、全部言ったら最悪の雰囲気になる。すでに選手たちも気づいているから、ここを言うだけで十分だ」

そんなふうに考えるのです。

そうこうしている間にハーフタイムの半分ぐらいが過ぎていきます。それから選手たちを少し落ち着かせて、「じゃあ準備しながらこっちに集中してくれ」と声をかける。

そして、問題点や修正点、うまくいっている点などを選手に伝えます。それから最後に、「お前たちは絶対に勝てるから」と言って後半のピッチに送り出すのです。また個別の指示が必要な場合は、2人ぐらい呼んで細かいポイントを説明したりもします。

他のコーチのロッカールームをのぞいたことがないので何とも言えないのですが、そのような方法が標準的なハーフタイムの過ごし方かもしれません。岡田さんも、イビチャ・オシムさんも同じようにハーフタイムを使っていました。いきなり選手を集めて話をするのではなく、最初に選手同士で気持ちを発散させてからポイントを伝えるのです。

ハーフタイムの過ごし方にそれほど大きな差があるとは思いませんが、それでも実際に流れが変わることがあります。どのような要素がそろうと流れは変わるのか。

選手たちのメンタルの問題と戦術的な問題、その両方が同時にクリアになって初めて、劇的に流れが変わると感じています。

「お前たち、前半ずいぶん苦しんだな。だけど、苦しむほどの問題じゃないよ。本当は、小骨がのどに刺さったぐらいの問題なんだ」

そんな気持ちにさせる言葉をかけて、抱えている問題をクリアにします。

それから具体的な指示を出す。「結局2人を1人で見ているから苦しくなっているんだ」とか、「この選手は捨てていいから、思い切って前へ行け」とか、「相手が持ったとき下がらないで、前へ当たりに行けばいい」とか。選手たちが「なんだ、そんな小さなことだったのか」と思えるような気持ちにさせてあげるのです。

戦術的な問題をクリアにして、選手たちが強い気持ちでベンチを出ていく。それが、理想的なハーフタイムの使い方ではないでしょうか。

もちろん、前半から何の問題もなく最高の雰囲気という場合もあります。そんなときは、選手たちが調子に乗りすぎないように言葉をかけながら、状況を見守ります。

選手たちが伸び伸びとプレーしているのに、必要のないことを言ったことで、「相手はどうくるのか」ということばかりが気になってしまうこともあります。そうなると、選手たちはプレーに集中できなくなる。せっかく良かった流れを失ってしまっては意味がありません。

言葉をかけてあげることが、必ずしも正解ではないのです。このままで大丈夫、あとは監督が頭で考えておけばいいというケースもあります。そのあたりは試合の流れによりけり。言おうか言うまいか迷って、最後はエイヤの勘で言うこともあるし、言ったらダメになると感じて、言葉を飲み込む場合もあります。

問題ばかりを指摘すると、往々にして逆効果になります。

いろいろな問題を抱えたまま、「うわー、ヤバイな」という感覚のままピッチに出ていけば、流れが良くなるはずがありません。

とにかく、選手たちに「絶対に行ける。相手はたいしたことない」と思わせること。精神面をコントロールしてあげることが大事なのです。

▼▼▼相手の出方を読んで予防接種を打つ

ハーフタイムを境に、相手にうまく立て直されることもあります。「うまいことやったな」と感じる場面です。そんなときは自分たちも何かしら変えないと、流れは悪くなる一方。対抗策を打つのが遅れると、致命傷になりかねません。

相手のチームがどう出てくるか、そこを踏まえて戦略を練ることもあります。

向こうはこのままじゃ終われない。自分が相手のチームの監督だったら、こういった対策を講じてくるはず。そんなときは相手の出方を予想して、自分たちの選手たちに情報として与えておくのが1つのやり方です。

「前半はうまくいった。みんな素晴らしい試合をした。でも、相手がこのまま後半に臨んでくると思ったら大間違いだぞ」

そうやって警戒心と、いくつかの予測を植えつけておくのです。

ある程度心の準備をしておけば、実際に相手のチームがそう出てきたとしても「それ来た」と思うだけで、余裕を持ってその局面を迎えられます。予測しておくことで恐怖を和らげることができるわけです。

「3トップに変えてくるかもしれない。けれども、怖がらずに前へ出ていけ」

「ロングボールを入れてくるかもしれない。頭を越されたときの戻りを早くしてセカンドボールを拾うようにしろ」

「うちのプレッシングが効いているから、向こうは後半の頭から中盤を通り越して攻めてくる。そのときにラインを下げるな」

相手が何か変えてきたときドギマギしないように、選手たちに予防接種を打っておく。

相手の出方を読む際には、それまでのデータがものをいうことがあります。

1試合のゲームを観てもわからないけど、これまでの何試合かを追いかけてチェックすると、その監督の考え方、采配の癖などが見えてくるのです。

試合の終盤でリードされているときは、必ずこう出てくるとか。撃ち合いになっても怖がらず前へ出ていけば、追加点が奪えるかもしれないとか。いつも同じポジションを代えてくるので、左サイドバックが穴だと感じているようだなとか。何試合か観てデータを蓄積しておけば、その監督の特徴が見えてきます。

事前の情報という意味では、相手チームの状況、監督の置かれた立場なども考慮しています。連敗中でチームがギクシャクしているとか、降格の危機が迫っていてガチガチだとか、この試合の結果次第で監督がクビになるかもしれないとか、相手のチームの置かれた状況を整理しておくと戦いを進めやすくなることがあります。

そういう場合は、「窮鼠猫《きゅうそ》を噛む」のように一気に前へ出てくる可能性があるので、少し気をつけないといけない。ただし、所詮ムリのある状態は続かない。1点じゃわからないが2点取れば相手はガタガタになる。そんな予想が立てられるのです。

自分たちのチームの状態が良ければ、精神的に優位に立つために、相手のチームの悪い状態を事前に選手たちに話しておくのが効果的です。しかし自分たちの状態もそれほど良くない場合は、

「相手はギリギリのところで戦っている。ここで負けたら相手の監督はクビになるかもしれない。お前たち、それがどれだけのパワーにつながるかわかっているか」

あるいは、

「確かに相手はホーム。この状況での大観衆は我々にとって厳しい状況かもしれない。しかし、0－0の状態が長く続いていけば、その重圧は全て相手にのしかかってくるはずだ」

などと言葉をかけることで、選手たちの気持ちを引き締めたり、落ち着かせたりするのです。

いざ試合が始まると、プレッシャーがかかっている相手をさらに追い込むために一気に攻勢を仕掛ける。序盤にリードを広げることで完全に相手の牙を折り、内輪もめが起きるような展開に持ち込みたい。

このように頭の中で、ありとあらゆるシナリオを描きながら試合に臨むのがコーチなのです。

▼▼▼コーチには「観る眼」が必要

私は現在、後進を育てる立場も兼ねています。

現在、指導者ライセンス制度はD級から始まり、C、B、A、そして地域のリーダーやプロの監督になるためのS級ライセンスがあります。S級はなかでも特別で、レクチャーもありますが、3カ月以上に渡る期間の中で指導実践を繰り返していきます。私はインストラクターとして5年間関わった後、今では塚田雄二スクールマスター（元・セレッソ大阪監督）に任せながら、時折り現場に顔を出しています。

そこで私がよく言うのは、

「ひょっとしたら、君はこういうサッカーをやりたかったんじゃないの？　だけど、本当にそういうふうになっていたかな」

ということです。戦術的な側面を見て「そこをもっと上げた方がいい」というような具体的な指示は常に一緒にいるインストラクターに任せています。

「どのようなサッカーでも構わない。青に染めてもいいし、赤に染めてもいい。だけど、本当に最後青に染まっていた？」

さまざまな個性が1つの方向を向いたときに最高の力を発揮できる。すなわち、数ある正解の中から、全員をその1つの方向に持っていくことができたかという問いかけです。しかし、これがなかなか難しい。そのつもりでやっていても、後から選手に聞いてみるとうまく伝わっていないことがあり落ち込んでしまう。こんな繰り返しをしながらコーチとして少しずつ成長していくのです。

正しいサッカー理論を語れるコーチはたくさんいるものの、Jリーグなどのレベルで成功するかどうか、そんなときに最も大事なことは「正しい方向づけ」です。ただでさえ、選手たちの個性は強い。また状況によっては極端な戦い方をせざるを得ないときもあります。そんな中でも自分のサッカー観やポリシーを貫き、選手が自らの意志でプレーしていくように方向づけられる強さが必要なのです。

監督に向いている、向いていないという根本的な問題はあるかもしれませんが、むしろ私は、いろいろな方法、いろいろなやり方、いろいろなアプローチがあっていいと考えています。それぞれ自分なりのパーソナリティに沿う教え方を見つけてほしい。誰かの真似ではなく、あくまで自分独自のオリジナルのスタイルです。

ジョゼ・モウリーニョ（インテル・ミラノ監督）とも、アレックス・ファーガソン（マンチェスター・ユナイテッド監督）とも違うが、なるほど君の人間性が醸し出されていると感じられる方法であれば、どのようなスタイルでもいい。監督の魅力的パーソナリティを慕って選手が集まってくるようであれば、とやかく言う必要はありません。

また、監督は「観る眼」を備えている必要があります。

例えば今、世界に出ると、日本にはボールを奪える選手が少ないということに気がつきます。しかし、それは選手たちのせいではなく、指導者がボールを奪える選手をどれだけ評価してきたか、ということではないでしょうか。

テクニックのある選手は高く評価するし、指導者も周りの人も持ち上げる。だけど、バシッと相手ボールを奪える選手、そこから前へ運べる選手、地味だけどそんな選手を評価してきたか、あるいは評価しているかどうかとなると疑問が残ります。

子供たちが、どういう選手に憧れるような指導をしてきたか。指導者の価値観を見直す必要があるのかもしれません。

「攻撃の目的は何?」

と聞けば、ほとんどの人は「ゴールを奪うこと」と答えるでしょう。でも、

「守備の目的は何?」

と聞いた場合、半分の人は「ゴールを奪われないこと」と答えて、もう半分の人が「ボールを奪うこと」と答えが分かれるような気がします。

正確には、ボールを奪う行為は守備でもあるし攻撃でもあると言えるでしょう。サッカーの教科書で何ページから何ページまでが攻撃、何ページから何ページまでが守備という区切りがあるとすれば、ボールを奪う行為は、その中間にあるのです。そのせいか、ボールを奪うことに対する指導が少し疎かになっていたような気がします。現代のサッカーでは攻撃と守備を分けて考え

ることはできない。その意味でボールを奪うという行為は、あるいは最も重要なことかもしれません。

日本サッカー界はここまで、なんとか世界に追いつこうとしてきました。ですが、上に向かって伸びていく過程で、どこかのタイミングでしっかりと土台も築かないと、本当に強固なものにはならない。だからこそ土台を、本質的な部分を見ていかなければならない。

そういう意味では、やはりサッカーに関係するすべての人の「観る眼」を養い、レベルを上げることが大事だと思います。そしてスカウティングは、「観る眼」を養うにはもってこいのツールなのです。

華やかなプレーの裏にある本質的なプレー、地味だけど効いている動き、それらの目に見えない貢献を見逃さない眼を持たないと、選手が育ってこないし、取り巻く環境も育ってこない。

日本でサッカーを観始めたばかりの人がイングランドのスタジアムに行くと、「どうして今、拍手が起きたの?」と感じることがあると思います。サッカーの母国であるイングランドの観衆の眼は肥えています。だから、華やかではないが、素晴らしい貢献をしたプレーには、ときには失敗だったとしても拍手をするのが当たり前になっている。

どのシーンでスタジアムが沸くかで、その国の観衆の「観る眼」のレベルがわかるのです。どうでもいい場所でのオーバーヘッドキックに沸くのか、厳しいプレッシングの中で局面を打開する1本のシンプルな横パスに沸くのか。「ウオオオ!」という歓声が起きる場所が、まだまだ日本と世界では違うということです。

子供たちは当然、観衆を沸かせられる選手、評価される選手に憧れます。「僕も将来、あんな選手になりたい」とか「あのようなところでがんばれる選手になりたい」と思う力、そのような小さいけれど確かな力の一つひとつが、サッカー界全体の支えとなるのです。

私は、何でもかんでも海外が一番という考え方は好きじゃない。日本には絶対に他の国にはない素晴らしさがある、俺たちのサッカーで世界と戦うんだ、という強い気持ちを持っています。けれど細かい部分、一つひとつの局面を見比べると、サッカー文化の熟成度に関しては、まだまだ世界から学ぶところも多いと感じています。

Chapter 4

格上チームの弱点を見抜く
アトランタ五輪編

4章、5章では私が実際に日の丸をつけてスカウティングを担当したゲーム、印象深い過去の数試合を紹介していきましょう。

まずは、96年のアトランタ五輪。28年ぶりのオリンピック出場を果たしたチームが、アジア予選で最も苦しんだ一戦、サウジアラビアとの準決勝。さらに、本大会グループリーグにおける3試合。優勝候補ブラジルを相手に1－0の大金星を挙げて「マイアミの奇跡」と呼ばれた初戦、結果的にアフリカに初の金メダルをもたらしたナイジェリアとの第2戦、グループリーグ突破を懸けたハンガリーとの最終戦を振り返りたいと思います。

【アトランタ五輪　最終予選】

▼▼▼強豪サウジアラビア　2人のドサリに注意しろ

サウジアラビアは非常に能力の高いチームでした。一人ひとりのポテンシャルが高く、チームとしての完成度も高かった。オリンピック代表なので全員がもちろん23歳以下でしたが、フル代表を経験している選手がほとんどでした。

とりわけ、MFのO・アルドサリは卓越した技術や突破力など、明らかにアジアの中では群を抜いたレベルでした（註：数年後に問題を起こしてサウジアラビア協会から追放されることになり、その雄姿を見ることはできなくなった）。そして、もう1人のキーマンが中盤の底で攻守を操るK・アルドサリ。抜群のキープ力と展開力でゲームを作り、O・アルドサリとのホットラインでゴールを演出するゲームメーカーでした。

「2人のアルドサリに注意しろ」

私たちテクニカルスタッフは、サウジアラビアのこの強力なホットラインを寸断すべく戦略を練りました。

私たちは、O・アルドサリの素晴らしさはDFの視界から一瞬消えてボールを受けるプレーにより引き出されていると気づきました。この形でK・アルドサリからO・アルドサリにラストパスが入ると、止めるのは不可能と思えるほど。

ですから一番怖かったのは、右サイドのK・アルドサリから左サイドのO・アルドサリにフィールドを横切る形でのラストパスを入れられることでした。

O・アルドサリはマークを外す動きが得意なので、斜めからのパスに対しては、日本のDFはボールとO・アルドサリの両方を視界に入れることが難しくなる。

ならば、「縦にパスが入るように仕向けよう」と考えました。

縦からくるパスならば、マンマークのスペシャリストである白井博幸（元・清水エスパルス）をマークに当てれば、ボールを見ながらO・アルドサリも視界に入れておけるので、能力を十分に発揮してくれるはず。たとえインターセプトできなくても、素早く伊東輝悦（現・清水エスパルス）、遠藤彰弘（元・横浜F・マリノス）らと2、3人で挟み込めば、O・アルドサリの動きを封じることが可能だ。もし、O・アルドサリが振り向いて味方に展開しても、それほどスーパーなプレーにはならないだろう。

そんな読みがあったのです。

執拗なマンマークで潰し合えば、白井とO・アルドサリは試合から消える。総合力においてはサウジアラビアの方が上だろうと見ていましたが、フィールドから2人を消して10人対10人の様相になれば、日本が勝つ可能性は十分に出てくる。そのように考えていました（**図14**）。

コーチングスタッフは、相手の最も強いところを消すことで、相対的に相手よりも自分たちの良さを発揮することができる、と確信していたのです。あの采配は、両チームの実力を比較したうえで導き出された極めて現実的な戦い方だったと思います。O・アルドサリに縦パスが入るように仕向けるために、プレッシングの方向を決めて、サウジアラビアのビルドアップを限定したのです。

日本は変則的な3－5－2で戦いました。

城彰二（元・横浜FC）を1トップ気味に置き、1・5列目に前園真聖（元・東京ヴェルディ）と遠藤を並べました。中盤の底で攻守をつなぐK・アルドサリがボールを持てないように城と前園で前線からプレッシングをかけていく。それでもK・アルドサリがボールをキープしたと

図 14 対サウジアラビア戦での戦術（アトランタ五輪 1996.3.24）

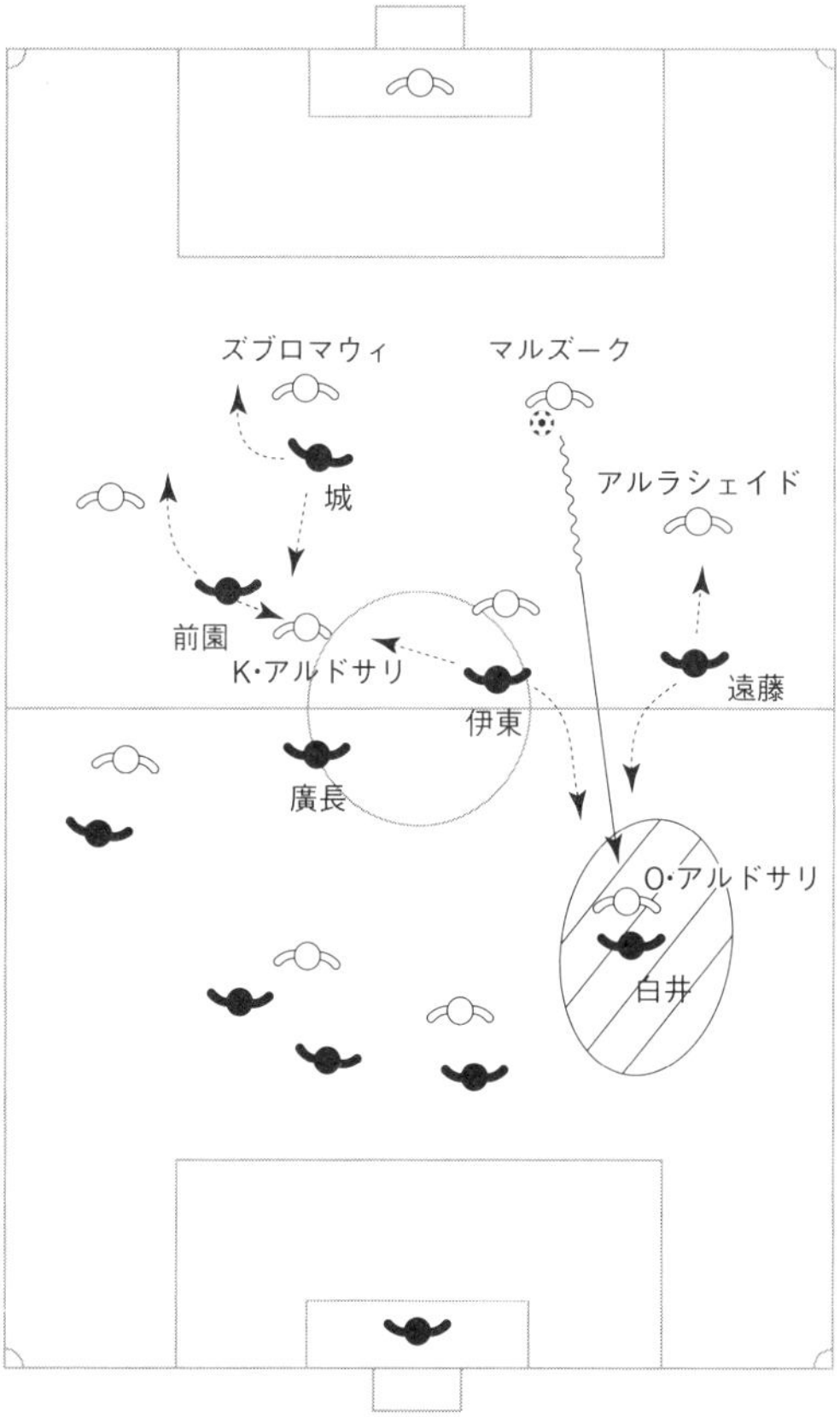

O･アルドサリに白井をマンマークでつけて、フィールドから２人を消して、10 人対 10 人の状況を作った。城と前園が左サイドから追い込み、遠藤はアルラシェイドにプレスをかけて、マルズークが起点になるようにドリブルのコースを作った。

→ ボールの動き　⇢ 人の動き　〰→ ドリブル

きは、廣長優志（元・セレッソ大阪）と伊東の2ボランチが数的優位を作って取り囲むようにしました。

サウジアラビアの最終ラインでは、右センターバックのズブロマウィよりも左センターバックのマルズークの方が展開力が劣ることはすでに書いたとおり。そこでマルズークが起点となり、彼からボールが配球されるようにパスコースを限定したのです。

城と前園が左サイドから追い込んで、遠藤には左サイドバックのアルラシェイドをケアさせる。つまり、ボールを持ったマルズークが縦にドリブルするコースをあえて作ったのです。案の定、自分の前が空いたマルズークは、こちらの予想以上にドリブルをしてくれました。

結果、特に前半はマルズークが縦にドリブルして、中盤のO・アルドサリに縦パスを入れる。そこを狙って臼井が潰す。あるいはビルドアップの能力で劣るマルズークのパスミスを奪って、日本がカウンター攻撃を仕掛けるという展開が続きました。

同じプレーの繰り返しは、テレビでリプレーを観ているかのようで、「そこまではまるか」と思えるほどでした。

O・アルドサリへの縦パスを奪うと、かなりの確率で効果的なカウンターへとつながりました。サウジアラビアの選手たちはO・アルドサリにボールが入った瞬間、いつものようにチャンスになると信じて、誰もが前がかりになっていたからです。

そこでボールを奪えば、前線に残っている城、前園、遠藤を起点にゴールに迫ることができた。城のポストプレーから前園が奪ったという意味では、前半4分の先制点はまさにこちらの意図が形になったゴールでした。

「O・アルドサリからボールを奪えばチャンスになる」

それはサウジアラビア戦を前にして、日本のコーチングスタッフはもちろん、選手たち全員に浸透していた共通意識だったのです。

快勝の裏にあった巧みなベンチワーク

O・アルドサリのマークについた白井は、完璧に近い仕事をしてくれました。もちろん全員が白井のマンマークの強さを信じてボールを追い込んでいったからこそ、白井も自分の一番得意な形でチームに貢献できたのです。

あの試合の日本は、ホールピクチャーというゲーム全体の画が見えていました。

スタジアムで観戦していた人の中には、ある程度日本の意図が読めた人がいるかもしれません。変則的なシステムとプレッシングのかけ方を観て、「そうか!」と感じた人が。

ところが、というか幸い、サウジアラビアは日本の意図を見抜くことなく、これといった修正を施してはきませんでした。仮に私がサウジアラビアの監督だったとしたら、日本の意図に対して次のような手を打っていたと思います。

例えば、ほとんどフリーなマルズークを高い位置に上げて中盤で数的優位を作るとか。逆に、マルズークにビルドアップさせるのは完全に日本の罠だから上がらせない。「自分の力を知れ。アリ地獄に入っていくな」と釘を刺して、近くの選手に簡単にボールを預けさせるとか。あるいは、センターバックのズブロマウィとマルズークのポジションを入れ換える。そして、右のK・アルドサリと左のズブロマウィを起点にゲームを組み立てて、本当に最後の最後でO・アルドサリにラストパスを送らせるといった対応も考えられます。

私たちが2番目に警戒していたK・アルドサリは、ほとんど見せ場を作れないまま途中交代でピッチを退きました。彼自身のパフォーマンスは悪くなかったのですが、「機能していない」と判断したサウジアラビアのベンチは交代に踏み切ったのです。

日本としては本当にありがたい交代でした。もしサウジアラビアのベンチがK・アルドサリが機能するような工夫をしていたならば、日本にとってはもっと難しい試合になっていたことは間違いありません。

1－0とリードして迎えたハーフタイム。私自身はベンチに下りられませんでしたが、上から観た様子をスタッフに伝えました。

「このままで大丈夫。日本の意図はうまくはまっている!」

ゲーム全体の状況がどうなっているのか、ベンチの高さからでは意外と見えないことが多い。特に逆サイドがどうなっているのか、全体的な意図がうまくいっているのか、危険性はないのか。そのあたりは貴重な情報になります。だから、スタンドから観た印象を伝えてあげるのです。

このサウジアラビア戦では、日本がボールを奪ったとき前園がいつもフリーでいることに気づきました。だからボールを奪ったらとにかく前園に出す、1本通ればビッグチャンスになる、そんな情報をベンチに伝えました。

アジア最強と言われた強敵の追撃を1点で抑え、サウジアラビアに2－1で勝利し、オリンピック出場を成し遂げた。あの試合、選手たちのがんばりがあったのはもちろんですが、その背後でベンチワークの勝利もあったと確信しています。

【アトランタ五輪　本大会】

史上最強ブラジルの持ち味を消せ

アトランタ五輪での本大会。当時世界でナンバー1、2の力があると思われていたブラジル、ナイジェリア、そして曲者のハンガリーが予選リーグの相手でした。

私自身、初戦で当たるブラジルに関してはかなり研究をしました。ビデオで何試合もチェックしたただけでなく、実際に自分の眼でチームを観るために現地に飛びました。ブラジルはマイアミの近くでキャンプを張っていたのですが、私もマイアミに寝泊まりして練習や試合に通いました。

ブラジルの練習は有料で公開していて、5ドル払えば誰でも観ることができた。アメリカは多国籍国家なので私のような顔をした人間は大勢いる。アジア系、ヒスパニック系もいるので、怪しまれることはありませんでした。

大会が始まる1週間前には、ブラジル五輪代表と世界選抜との試合があったので、そこでも、いくつかのヒントをつかむことができました。

ブラジルを視察する際には、一人ひとりの特徴をしっかり押さえることから始めました。通常、キーマンとなる選手の特徴をまとめた「個人もの」と言われるビデオを3～5人分作るのですが、このときのブラジルは1人、2人、3人……と作っていき、最終的に西野監督からのオーダーは、なんと13人！　どれだけ豪華な顔ぶれだったかがわかります。

日本戦で先発したGKジダ、DFゼ・マリア、アウダイール、ロナウド、ロベルト・カルロス、MFアマラウ、フラビオ・コンセイソン、ジュニーニョ・パウリスタ、リバウド、FWベベット、サビオの11人に加えて、途中出場が多かったものの素晴らしい能力を持ったMFゼ・エリアスと、当時はロナウジーニョと呼ばれていたFWロナウドを入れた13人です。

とにかく、名将ザガロが監督を務める当時のブラジルは、世界中のメディアが「史上最強」と書き立てるほどのメンバーをそろえた、ものすごいチームだったのです。

とはいえ、日本の士気は高まっていました。

28年ぶりの出場といっても、ほとんど初出場みたいなもの。それまではアマチュアの大会にすぎなかったオリンピックにプロ選手が出場できるようになり、名実ともに世界一を競うようになったのが92年。日本においても93年にJリーグが誕生して世界を視野に強化を開始してから初めて経験するオリンピックだったのです。

負けたらどうしようという不安よりも、「やってやる」という気持ちの方が強かった。

経験と実績を積み重ねた現在なら、勝たなくてはいけないというプレッシャーがあり、それが時に重荷になることもあるでしょう。だが当時は力関係で明らかに相手が上とわかっていたので、吹っ切れた状態で本大会を迎えることができたのです。

ブラジルとの初戦、西野さんはアジア予選からメンバーを少し変えました。中盤の底に調子を上げていた服部年宏（現・ガイナーレ鳥取）を入れ、左サイドに路木龍次（元・サンフレッチェ広島）、右サイドに遠藤を起用しました。

アジア予選のときは両サイドが守備に回る時間が長く、あまり機能していなかった。だから、アウトサイドにどう攻撃力を持たせるのかというのがテーマとしてありました。

路木はこの年の年末にはフル代表に選出されるなど、上り調子の選手でした。遠藤を右サイドに置いたのは、攻撃力もそうなのですが、攻守両面でハードに闘える選手なので、対峙するロベルト・カルロスの攻撃力を抑えるために、その高い守備能力に期待した部分もありました。

前提として、ブラジルの方が個々においても総合力でも格上。それは決して目を逸らすことのできない、厳然たる事実だったと思います。そんな状況でできることは、可能な限り相手の良さを消すことで、自分たちの良さを出すこと。難しいところですが、ブラジルの良さを消して、日本の良さも出せなかったでは意味がない。

おそらく、西野さんはそのあたりのギリギリのバランスを考えて、ゲームプランを組み立てたのだと思います。

いかにブラジルの良さを消すか。

まずは、中盤で特に怖い選手、リバウドとジュニーニョ・パウリスタに起点を作らせないこと。強固なディフェンスというと「ゴール前を固めて」というイメージが普通ですが、逆にそれでは持ちこたえられない。そこで西野さんは、2ボランチを組んだ服部と伊東の守備力に期待したのだと思います。この2人で、ブラジルの攻撃の起点を潰すという作戦です。

もう1つが、すでに紹介したブラジルのホットライン、リバウド→ベベット、ジュニーニョ・パウリスタ→サビオのコンビネーションを把握して対処すること。そのラインを寸断することで、ブラジルの良さを半減させるという狙いがありました。

中盤での起点を潰していくためにも、前線からもプレッシングをかけていく。そのために、城、前園、中田英寿の3人が動き回りました。3人の献身的な働きによってプリディクタブル

（予測できうる状況）なボールが中盤に入るようになり、より効果的な守備が可能になったのです。

タイムアップまでの長すぎる5分間

それでも、実際にはブラジルの猛攻が続きました。その中で一人ひとりに責任感を持たせるという意味も込めて、選手たちにはマンマーク気味の対応を課しました。例えば、ジュニーニョ・パウリスタに服部、リバウドに伊東、前線のベベットに鈴木秀人（元・ジュビロ磐田）をつけました（**図15**）。

ただし、どこまでも追いかけるマンマークではなく、マークの受け渡しをしつつも、ある程度責任を持つことを徹底しました。

西野さんはそもそも、マンマークでついて、どこかをポコッと空ける危険性があるサッカーを志向する人ではありません。とはいえ、選手がポジションのバランスだけを考えて戦っていては、ブラジルの個人技にやられてしまう。全体のバランスを見ながら一人ひとりに責任感を持たせて相手を意識させ、しっかりコミュニケーションを取ってマークの受け渡しもする戦い方を選んだのだと思います。

マンマークかゾーンか、それは非常に難しい問題です。

図 15　対ブラジル戦での戦術（アトランタ五輪 1996.7.21）

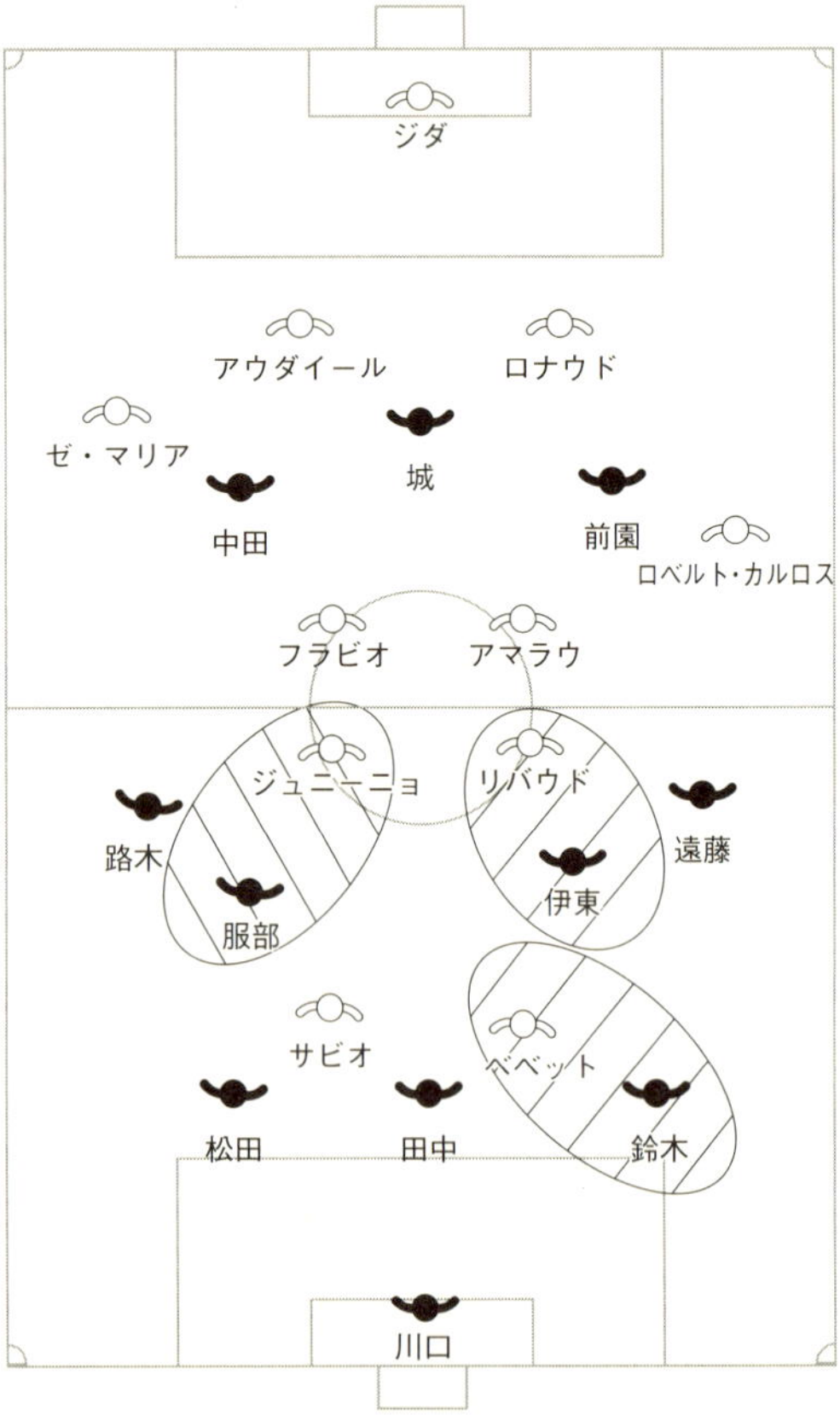

ジュニーニョ・パウリスタに服部、リバウドに伊東、前線のベベットに鈴木をマンマーク気味につけるなどで、ブラジルの良さを半減させようとした。

相手に自由にプレーさせたくないと思ったとき、マンマークは1つの手ですが、ゾーンにして全体のブロックを下げるという手もあります。ある程度攻められることを覚悟したうえで引いて守れば、主導権を握られてもそれほど点は取られない。

逆に、相手の方が実力が上だからこそ前から積極的にプレッシングをかけて、主導権を握らせないという戦い方もあります。

そのあたりは単純な力関係の問題ではなく、監督の志向、チームの気質、選手の特徴、相手のサッカースタイルなどを考慮して総合的に判断する必要があります。つまり、相手が強いときはマンマークが有効という単純な図式ではないのです。

大会後、西野さんの戦いを指して「守備的」という批判が一部にあったようですが、それには疑問を感じています。

そもそも攻撃的、守備的という表現は非常に難しい。自分たちがボールを持ったときに大きく蹴り出すだけで、リスクを冒して攻めないのであれば守備的と言われても仕方がないでしょう。つまり守備的かどうかは、攻撃しているときの姿勢で問われるべき問題だと思います。

守備をしているときに、守備的かどうかはわからないのです。相手がボールを持っていれば、守備をするしかない。相対的な力関係で、相手がボールを持つ時間が長くなれば自分たちが守備をする時間が長くなる。それは自明の理ですし、それだけのことです。

あの試合で重要だったことは、ブラジルの良さを消しながら日本の良さを出すことでした。そのバランスを見極めて、選手たちはギリギリのところで戦いました。守備を強いられる時間が長くなる展開で、どこまで攻撃的なサッカーを追求できるのか。それこそが、西野さんの腕の見せどころでした。

実際、あのブラジル戦、日本は素晴らしいサッカーをしてくれたと思っています。

「思っています」と歯切れが悪いのは、スカウティングをしていた私は現場にいなかったのです。次の試合に備えて、一緒に分析を担当していた松永英機とともにナイジェリア対ハンガリーの試合を視察していました。

試合の途中でオーランドからマイアミに電話を入れて、展開を確認していました。

「1－0になりました」

「おお、そうかっ！」

「後半27分、日本が1点リードです」

「う〜ん、ちょっと早すぎるんじゃないか」

日本とブラジルの力関係はイヤと言うほどわかっていたので、そんなやり取りをしていました。眼の前のナイジェリア対ハンガリーを観てはいるものの、日本対ブラジルのスコアが気になって仕方がない。しばらくして携帯電話をかけようと思って時計を見たら、「あれ？　まだ5分しか経ってないや」という感じでした。

そうこうしているうちに回線が混んできたのか、携帯電話がつながらなくなった。あのときは気を揉みました。残り5分ぐらいでようやくつながったので、「お金はかかっちゃうけど、もう切らないでおいてくれ！」って。

そこからの5分は本当に長かった。映像がなく声だけだったので、何が起きているのか正確につかむことができない。そんなもどかしさもあって、1－0のままタイムアップを迎えたときは心の底からいろいろな感情がこみ上げてきて、松永とともに涙を流しながら岐路についたことが思い出されます。

違和感から見えたブラジルの弱点

ブラジル対策として、選手個々の細かい特徴は伝えてありました。

チームとして強い、一人ひとりのレベルも高いのは仕方がない。ただし、そのレベルの高さに驚いて、ピッチの上でパニックになることだけは避けたかったのです。

どんな状況に置かれても「ああ、やっぱりそうきたね」という感じで、落ち着いて対処できるように準備しておきたかった。そのためにブラジルの選手たちの特徴、弱点と思われるところをピックアップしておきました。

ロベルト・カルロスのフリーキックには、大きな特徴がありました。

彼が蹴るのは、左足のアウトサイドにかけた曲がって落ちるボール。独特の軌道を描くので、ある程度予測しておかないとキャッチするのが難しいフリーキックでした。そのうえ、おそらく意図的にＧＫの2～3メートル手前でバウンドするような一撃なので、ＧＫにとっては最もキャッチするのが難しい。

「手前でバウンドするボールがくるぞ」

川口とは何度も映像をチェックして、彼もそれを頭に刻んでいました。また他の選手たちには、

「ロベカルのフリーキックのときは絶対にサポートを忘れるな」

と言ってありました。

川口がキャッチできずに弾く可能性もあるので、周りの選手にフォローをさせるようにとの意図からでした。

ロベルト・カルロスの攻撃参加に対しては、右サイドの遠藤が対応しました。当然、左足でのシュートを警戒して中に追い込むディフェンスもさせましたが、左足を使わせないのは不可能。それよりもむしろ、スピードに乗ってオーバーラップしてくるタイミングが絶妙なので、そこで簡単にボールを持たせないようにと伝えました。

攻撃のキーマンであるリバウドは、シュートのとき必ず最後は左足に持ち替えるという特徴がありました。左足に持ち替えて、カーブをかけたシュートでゴールの隅を狙う、そのパターンが彼の最も得意な形です。

だから、右足でボールを持つように追い込んだとしても、最後の場面で切り返されるないようにしろ、と言ってありました。左足を防いで、そして最後はオモチャの右足（お菓子のオマケでついているだけというニュアンス）でシュートせざるを得ない形に追い込む、そうしたディフェンスを心掛けていました。

リバウドとホットラインを築いていたベベットは、パスを受ける前に勝負をつけてくるタイプの選手で、受ける前の消える動きが得意でした。マークについた鈴木も十分にその動きの特徴を把握していました。

ボールにばかり気を取られて、ベベットを見失わないこと。リバウドがボールを持った瞬間、ベベットの動きに注意することを指示していました。

ブラジルのDF陣にも、いくつか弱点らしい箇所がありました。

まずは、オーバーエイジ枠で大会直前からチームに合流していたセンターバックのアウダイールとGKジダとのコンビネーションの悪さです。直前の世界選抜戦でも何度か危ない場面があったので、穴になるかもしれないという予感はありました。

それと、もう1人のセンターバック、ロナウドにボールウォッチングの悪い癖があることも見抜くことができました。左側へのターンは得意だが、右側へのターンは苦手だったのです。要するに、自分の左手からのボールに対しては左側にターンして素早く対応できるけど、右手からのボールに対してはぎこちなさから対応が遅れてしまう。ターンが逆になって身体が一回転近くしてしまい、それによってマークを見失う場面も見受けられました。
ロナウドのボールウォッチングの癖、ジダとアウダイールの連携のまずさに気がついたのは、何となく感じた違和感がきっかけでした。

目の焦点はある程度ボールに合わせながらも、周辺視野で全体を見渡す観方をしていると、違和感を感じるときがあります。本当に些細なプレー、ゴールを決められたわけでも、決定的なピンチになったわけでもないのに、どこか引っかかるプレーがあるのです。

例えば、オフサイドトラップをかけようとして失敗したときとか。DF陣がそろっていたのに相手をフリーにしたときとか。誰もが注目するゴールシーンとは関係のない何気ないシーンに、得てして重要なカギが潜んでいるのです。

ロナウドの悪い癖に気がついたのも、そんな違和感からでした。

そのときもブラジルの特徴をつかみながら、どこかに弱点はないか探していました。ふとしたプレーでロナウドのボールを追う動きが気になって、そこから注意して観るようになりました。すると、さっきは同じような展開からピンチを招いたのに今のは問題なかった。どうしてだ？そうか、今はボールが左サイドからだった。ひょっとして、右サイドからのボールに対してだけ不自然な動きになるのか？

そうやって何シーンかフォローしていって、予感が確信に変わったのです。この状況なら次はこうなるはずなのになぜだ？　最初は自分でも気づかないような違和感、それをきっかけに弱点に辿り着くのです。ある程度データを蓄積しないと、レポートに弱点として書くことは怖くてできない。たまたまの場合もあるので、しっかり裏を取ってから伝えました。

「マイアミの奇跡」を起こした伊東の決勝点は、確かにブラジルのミスでした。

しかし自信を持って言えることは、日本が起こさせたミスだということ。ミスが起きるように仕向けたのです。

ロナウドにとって右手にあたる日本の左サイドに起点を作り、連携の悪いジダとアウダイールの間を狙うのは、周到に練っていたプランだったのです。

それまでも左サイドの路木を起点に同じ形で何度か狙っていたのですが、ロベルト・カルロスのカバーリングが良くて防がれていました。あの決勝点のシーンだけは、ロベルト・カルロスの対応が遅れていた。

ロベルト・カルロスにはセンターバックのカバーリングが必要という意識があっただろうし、ザガロ監督も最終ラインの連携が弱点と気づいていたかもしれません。そんな中で日本は、狙い通りの形でゴールを奪うことができた。

左サイドを起点にジダとアウダイールの間を狙い、そこでの連携ミスを狙うという共通意識がチームになければ、ボランチの伊東はあそこまで走っていなかったでしょう。伊東はチャンスの気配を感じたからこそ、ポジションを上げていたのです。

ブラジルの弱点に関してミーティングでしっかり話し、かといって、そこを狙って前へ上がれなどという細かい指示は出さない。ピッチの中でプレーするのは選手たちなので、あまり細かく言うと「やらされ感」が出てしまい、結果的に躍動感が欠けてしまいます。

コーチングスタッフの言葉に耳を傾けながら、いざゲームが始まれば選手たちが自らの判断で動く。自分を信じてプレーし、自分を信じてチャンスをつかんだ。だからこそ「史上最強」とも言われた優勝候補のブラジルを相手に、「奇跡」を起こすことができたのです。

98年に地元開催のワールドカップを制したフランスが、2000年のヨーロッパ選手権でも優勝するという偉業を成し遂げたあと、当時のロジェ・ルメール監督と話す機会がありました。そのときに彼はこんなことを言っていました。

「Miracle happened, but We caused it（奇跡が起こった。でもそれは我々が起こしたものだ）」

ブラジル相手の勝利も、まさにそのような瞬間でした。

ブラジルより強い!? ナイジェリア対策

ナイジェリア戦は、大金星を挙げたブラジル戦から中1日という強行軍でした。興奮が冷めない状態の中で、やらなくてはいけないことはたくさんありました。

とにかく最初に考えたことは、選手たちの疲労を取ること。レスト（休めること）、あるいはリジェネレーション（エネルギーの再充填）と言われる大事な過程です。優勝候補のブラジルを破った喜びを消し去り、もう一度心身ともにエネルギーの満ちた状態にさせることが一番大事なことでした。

次に、修正すべき箇所をチェックする。そのうえで、ナイジェリア戦に向けた戦術的な準備も欠かせない。そうすると、絶対的に時間が足りないので、1つずつ順番にこなしていく時間はない。だから2つを兼ねたトレーニングをせざるを得ない。つまり自分たちの修正をすることが、次の試合の準備につながるようなトレーニングを組むのです。

これは修正のためのトレーニング、これは次の試合のためのトレーニングとするのではなく、ブラジル戦の課題を修正することがナイジェリア対策にもなる。そういうトレーニングを考えれば効率がいいし、選手たちも納得して、自信を持ってピッチに立てるのです。

ナイジェリアは、それまでの常識を覆すようなチームでした。個々の潜在能力が高いうえに、チームとしても隙がなかった。

アフリカのチームというのは、今でこそナイジェリアを始め、コートジボワールとかガーナなどが、比較的組織化されたサッカーをしています。おそらく、ヨーロッパのビッグクラブでプレーするようになった選手たちの影響があるのでしょう。しかし当時は、高い身体能力に頼った荒削りなサッカーが定番でした。

しかしアトランタ五輪のナイジェリアは、アフリカに対するイメージを変えなければならないほど組織的なチームだったのです。

私はブラジル戦を観ることなくオーランドに先乗りをして、ナイジェリアと同じ宿に泊まって2日間練習を観ていました。とにかく強烈でした。

「ブラジルよりも強いと思います」

西野さんには、そんな報告をしました。

DF陣がとにかく素晴らしかった。とくにオーバーエイジ枠で参加していたセンターバックのウチェ・オケチュクは、「こんなDF見たことがない」と思うほどの選手でした。対人プレーは強いし、ボール扱いは完璧。4対2のボール回しの練習でも、プレッシングに動じることなく余裕でパスを回していました。

センターでオケチュクとコンビを組むのが抜群のスピードと身体能力を持つタリボ・ウエスト。右サイドバックにセレスティン・ババヤロがいて、そして左サイドバックがモビ・オバラク。この4人が奏でる最終ラインは、ブラジルよりもはるかに強固でした。そのうえ全員が攻撃力を兼ね備えており、穴がない。

中盤は、ジェイジェイ・オコチャとサンデー・オリセーが起点となっていました。オコチャは単なるドリブラーだと思っていたのですが、無尽蔵の運動量があり、ディフェンスでの貢献度も高い、攻守両面で組織的なプレーができることに驚かされました。すでにヨーロッパでもビッグネームのオリセーは守備能力が高く、どちらかというと低い位置でチームをコントロールする。試合の流れを読む戦術的な眼も持っている、素晴らしいコンダクターでした。

それから、前線にはエマニュエル・アムニケ、ティヤニ・ババンギダ、ヌワンコ・カヌー、ダニエル・アモカチといった強力な攻撃力を持った選手たちがいました。最初はブラジルよりも荒削りで穴が見つかると思っていたのですが、全然そんなことはない。

「引き分けられたら御の字だな」

正直、そう思っていました。

その中での狙い目としては、展開させないことが挙げられました。オリセーを起点にして右のアムニケ、左のババンギダの突破を許すと、手の打ちようがない。だから、オリセーの展開力を半減するようなプランを立てました。いい状態で両サイドにボールが入り、そこからドリブルで突破される前に、なんとか食い止めようという考えです。

1対1の状況に持ち込まれたら、勝ち目はほとんどない。かといって引いて守りを固めるだけならば、必ずやられてしまう。だから、高い位置からある程度プレッシングをかけて自由を奪うというのが唯一の作戦でした。

0－0のスコアレスで前半を終えましたが、後半27分に田中誠（現・アビスパ福岡）が負傷してピッチを退きました。守備陣はそこまでよく耐えていたのですが、DFリーダーの田中が抜けたことで状況は厳しくなりました。

チームには、代えの効かないポジションがあります。

それは何も11人メンバーがいて上から1、2番目の選手、要するに能力的にトップの選手でなくても、この選手がいなくなるとチームとして苦しくなるという選手です。DFラインのリーダーとして声を出して守備をまとめていた田中は、あのチームでは代えの効かない選手だったのです。

終盤、日本は2点を失ってゲームを落としたわけですが、前半から続いていたナイジェリアのジャブが効いていました。あの時間帯、選手たちの足は止まりかけていました。西野さんは当然、選手交代で流れを取り戻すことも考えたでしょう。しかし良い方向に出る確率が40パーセント、悪い方向に出る確率が60パーセントだったと思います。

あくまで結果論ですが、1つでも失点を防いでいればグループリーグ突破の可能性は広がっていたわけで、そう考えると残念な失点もありました。しかし、それ以上にナイジェリアは大会をとおしてレベルアップしている印象がありました。世界レベルの大会では、どのチームも成長するものですが、あのときのナイジェリアの伸びはすごかった。ハンガリーとの初戦に勝ったことで、チームのまとまりが強まっていました。

練習ではリラックスしている雰囲気なのですが、いざゲームになると空気がピリッと引き締まり、緊張感のあるトレーニングになる。今になって思うのは、あのようなチームが最終的に金メダルを獲得するのだなということです。

グループリーグ最終戦のハンガリーは、これも厄介な相手でした。

ヨーロッパ予選を勝ち抜いてきたチームなので、レベルが低いことはあり得ない。とはいえ、私の印象としてはブラジル、ナイジェリアと比べると、そこまでのレベルではないという思いがありました。

何が厄介かと言えば、ヨーロッパ予選でのハンガリーは自分たちで主導権を握るのではなく、相手に主導権を握られる中でゴールしているゲームが多かった。どちらかというと相手にボールを持たせておいてカウンターを狙う、リアクションタイプのチームだったのです。

その点ではブラジル、ナイジェリアとは異なるアプローチが必要でした。しかし、あのときの日本は勝点3が必要だった。

ハンガリーが最も得意とする形は、相手のコーナーキックやフリーキックからボールを奪って、一気のカウンターでゴールを陥れるパターン。結果的に日本は、まさにその形で失点してしまうのですが、攻めざるを得なかった状況の中では仕方ない部分もありました。

勝点3を獲るために仕掛けていく日本、もともとリアクションが得意なハンガリー。試合は、ハンガリーの思惑通りに進みました。というより日本は、それを承知で攻めたのです。

チーム力を比較すると、ハンガリーは日本よりも数段上とは思えない。日本は本大会に入ってブラジル、ナイジェリアと戦って力をつけてきている。そうした中、日本が引き分けでもOKという姿勢で試合を進めれば、ハンガリーもそれほどチャンスは作れなかったでしょう。

しかし、日本は前へ出るしかなかった。ハンガリーの逆襲を怖がって引いていては、日本のグループリーグ突破の可能性は他力になってしまう。

「虎穴に入らずんば虎子を得ず」の心境でした。

コーチングスタッフが、相手のカウンターを警戒して前へ出ていく選手の気持ちにブレーキをかけてしまうと、一番大事な「勝利」という目標を失ってしまう危険性もありました。

攻撃的に戦って勝利を奪うという選手たちの志を、「慎重に」という言葉で折りたくなった。西野さんも腹を括っていたと思います。ガンガン前から行けば相手の土俵で戦うことになる。それでもいい。

「ふざけんな。俺たちは相手の土俵で戦って、それでも勝利をつかむんだ!」

そんな心意気があったと思います。

そして実際、3-2で勝利を収めることができたのです。

結果的にブラジルがナイジェリアを1-0で破ったため、得失点差で決勝トーナメントに進むことはできませんでした。けれども、あの戦い方が間違っていたとは思いません。

優勝したナイジェリア、3位に輝いたブラジルと同グループに入りながら、オーバーエイジ枠を使うことなく2勝1敗の成績を残したアトランタ五輪における日本の戦いぶりは、堂々と胸を張れるものだった。私は、今でもそう思っています。

アトランタ五輪 日本代表 主な試合データ

アジア地区一次予選　タイラウンド		
95.5.26	○ 5-0	タイ
95.5.28	○ 4-1	チャイニーズ・タイペイ
アジア地区一次予選　日本ラウンド		
95.6.11	○ 6-0	チャイニーズ・タイペイ
95.6.14	○ 1-0	タイ
アジア地区最終予選　マレーシア		
96.3.16	△ 1-1	イラク
96.3.18	○ 4-1	オマーン
96.3.20	○ 1-0	UAE
96.3.24	○ 2-1	サウジアラビア
96.3.27	● 1-2	韓国
本大会　グループリーグ D 組		
96.7.21	○ 1-0	ブラジル
96.7.23	● 0-2	ナイジェリア
96.7.25	○ 3-2	ハンガリー

▶アトランタ五輪グループリーグD組

日本	VS	ブラジル
1	前 0-0 後 1-0	0

1996年7月21日/18時30分/オレンジボウルスタジアム（アメリカ・マイアミ）

GK	川口能活	GK	ジダ
DF	鈴木秀人	DF	ゼ・マリア
	田中誠		アウダイール
	松田直樹		ロナウド
MF	遠藤彰弘		ロベルト・カルロス
	伊東輝悦	MF	フラビオ・コンセイソン
	服部年宏		アマラウ
	路木龍次		ジュニーニョ
	前園真聖		リバウド
	中田英寿	FW	ベベット
FW	城彰二		サビオ

得点●伊東輝悦（後半27分）

交代●遠藤彰弘→白井博幸　中田英寿→上村健一　城彰二→松原良香　アマラウ→ゼ・エリアス　サビオ→ロナウジーニョ

▶アトランタ五輪アジア地区最終予選

日本	VS	サウジアラビア
2	前 1-0 後 1-1	1

1996年3月24日/20時00分/シャーアラムスタジアム（マレーシア・クアラルンプール）

GK	川口能活	GK	サディク
DF	鈴木秀人	DF	ジャハニ
	田中誠		ズブロマウィ
	上村健一		マルズーク
	白井博幸		アルラシェイド
MF	遠藤彰弘	MF	アルハルビ
	伊東輝悦		O・アルドサリ
	廣長優志		マサーリ
	服部年宏		K・アルドサリ
	前園真聖	FW	イサ
FW	城彰二		ガハタニ

得点●前園真聖（前半4分）　前園真聖（後半12分）　O・アルドサリ（後半12分）

交代●遠藤彰弘→中田英寿　アルハルビ→I・シャムラニ　K・アルドサリ→AA・ガムディ　ガハタニ→スリマニ

▶アトランタ五輪グループD 順位表

	ブラジル	ナイジェリア	日本	ハンガリー	勝ち点	得点	失点	得失点差
ブラジル	—	1○0	0●1	3○1	6	4	2	+2
ナイジェリア	0●1	—	2○0	1○0	6	3	1	+2
日本	1○0	0●2	—	3○2	6	4	4	0
ハンガリー	1●3	0●1	2●3	—	0	3	7	–4

※ブラジルとナイジェリアが決勝トーナメントに進出。

▶アトランタ五輪グループリーグD組

日本	VS	ハンガリー
3	前 1-1 後 2-1	2

1996年7月25日/21時00分/シトラスボウルスタジアム(アメリカ・オーランド)

	日本		ハンガリー
GK	川口能活	GK	シャファル
DF	鈴木秀人	DF	ペテー
	田中誠		レンドバイ
	松田直樹		モルナル
MF	森岡茂		グクセギ
	伊東輝悦	MF	リステス
	服部年宏		マダル
	路木龍次		サンドル
	前園真聖		エグレシ
FW	松原良香	FW	ドンビ
	城彰二		プレジンガー

得点●サンドル(前半3分)　前園真聖【PK】(前半40分)　マダル(後半4分)　上村健一(後半44分)　前園真聖(後半44分)

交代●森岡茂→廣長優志　松原良香→上村健一　リステス→サニョ　プレジンガー→ザバドシュキ

▶アトランタ五輪グループリーグD組

日本	VS	ナイジェリア
0	前 0-0 後 0-2	2

1996年7月23日/20時30分/シトラスボウルスタジアム(アメリカ・オーランド)

	日本		ナイジェリア
GK	川口能活	GK	ドス
DF	鈴木秀人	DF	C・ババヤロ
	田中誠		ウエスト
	松田直樹		オケチュク
MF	白井博幸		オバラク
	伊東輝悦	MF	アムニケ
	服部年宏		ババンギダ
	路木龍次		オコチャ
	前園真聖		オリセー
	中田英寿	FW	カヌー
FW	城彰二		アモカチ

得点●オウンゴール(後半38分)　オコチャ【PK】(後半44分)

交代●田中誠→秋葉忠宏　服部年宏→廣長優志　アムニケ→ラワル　カヌー→イクペバ

Chapter 5

世界での戦いに勝つために
フランスW杯編

【フランスW杯　アジア予選】

▼▼▼スカウティング術をフル代表にも活用

アトランタ五輪の際、チームがグループリーグで敗退した後も現地に残った私は、同じく視察に来ていた岡田武史さん（現・日本代表監督）と一緒に、日本サッカーの将来に向けてという観点で分析を続けました。

そして岡田さんから、

「代表チームでも、こういうシステムを導入するように進めたい。まずは、監督に見てもらうために、このようなデータを活用したらこのような効果があったというビデオを編集してくれ」

と依頼され、アジア1次予選を戦うフル代表のテクニカルスタッフとして、サポートするようになったのです。当時は、私と岡田さんがビデオを観ながらポイントを確認して、最後は加茂周さん（元・日本代表監督）と岡田さんが戦略を練るというスタイルを取っていました。

1次予選を無敗で突破した日本は、最終予選に進出して、ウズベキスタン、UAE（アラブ首長国連邦）、韓国、カザフスタンとホーム&アウェイの8試合を戦いました。

最終予選を振り返ると、順調なスタートを切ったものの、その後勝ちから遠ざかり、チームが消沈していく悪い流れがありました。ベンチが対策を練り、選手たちが必死に戦っても思うような結果が出なかったのです。

もっとも当時の日本は、まだアジアのトップと言える存在ではなかったことも事実です。サウジアラビア、イラン、韓国あたりがワールドカップの常連国として先頭グループを走り、新たに加わったウズベキスタン、カザフスタンなどの中央アジア勢、さらにはカタール、UAE、クウェートといった中東勢の実力も高く、3・5枠（アジア3位までが出場権をつかみ、4位はオセアニア代表とプレーオフ）を巡る戦いは拮抗《きっこう》していました。

もちろん、日本のレベルも上がっていたことは確かです。ハンス・オフト監督が率いたチームが92年のアジアカップで初優勝を飾り、93年にはJリーグが開幕。「ドーハの悲劇」を味わい初出場こそ逃しましたが、アメリカワールドカップ予選では世界まであと一歩のところまで辿り着きました。

それでも、97年の時点で感じていた印象は「アジア予選を勝ち抜くのは難しい」というもので、ワールドカップ出場経験のない我々には、まだまだアジアにチャレンジするという意識がありました。

アジアのサッカースタイルを分けてみると、大きくは3種類になります。

東アジアのサッカー、中央アジアのサッカー、そして中東のサッカーです。

東アジアの代表は韓国。非常に力のあるチームで、宿敵と言われるだけあって日本に対するメンタルの部分など、理屈抜きの要素も多い相手です。中央アジアのサッカーはヨーロッパ色が強く、高い身体能力と組織力が融合した完成度の高いスタイル。中東のサッカーは個人技を前に出しながらも基本的にリアクションで、カウンターを大きな武器としています。

私自身、精力的に対戦国の視察を行ないました。

すべて現地で確認することはできなかったのですが、ビデオを手に入れて、レポートを書き、その分析データはいつの間にか分厚いファイルになっていました。

▼▼▼韓国で聞いた監督更迭のニュース

三浦知良（現・横浜FC）の4ゴールなどもあり、ウズベキスタンに6－3の勝利を収めてアジア最終予選をスタートした日本は、その後、体感温度は40度以上とも言われたアウェイのUAE戦で0－0の引き分け。国立競技場での韓国戦は、山口素弘（元・横浜FC）の見事なループシュートで先制したものの、残り10分で2点を返されて痛恨の逆転負け。そしてアルマトイでのカザフスタン戦は、ロスタイムに同点ゴールを許して1－1のドロー。

日本は4試合を終えて1勝2分1敗の勝点5。この時点で4連勝で首位の韓国とは勝点7差、2勝1分1敗で2位のUAEとは勝点2差の3位でした。

ワールドカップ出場の夢が遠のき、残念ながら加茂さんの更迭が発表されました。

そのとき、スカウティングを担当していた私は確か韓国にいたと思います。視察からホテルに戻ってテレビを観ていると、日本対カザフスタン戦の映像が流れ、直後に加茂さんの顔写真が映し出されました。

アナウンサーの言葉はよくわかりませんでしたが、

「何かあったのかもしれない」

そう直感しました。

翌々日、岡田さんからの電話が鳴りました。事の成り行きを一通り説明したあと、岡田さんは重々しい口調で話し始めました。

「加茂さんのことを考えると忸怩《じくじ》たる思いがあるが、日本のサッカーのことを考えると逃げるわけにはいかない。監督を引き受けざるを得ない。そんな状況だけど、コーチをしてくれるか」

「はい、わかりました」

そう答えた私に対して岡田さんは、

「わかりました、じゃないだろう！　お前、よく考えろ！」

「え？」

「もう1回、明日までよく考えろ！」

というわけです。

自分から頼んできたくせに何を怒っているんだこの人は、と思いましたが、よくよく話を聞いてみると、こういうことでした。

「お前とはこれまでも一緒にサッカーを勉強し、世界を観たりもした。お前が真剣に、ずっとサッカーに取り組んできたことを俺は知っている。だから頼んでいるんだ」

「はい」

「状況によっては、たった1試合で、俺もお前もサッカー界に身を置けなくなるかもしれないんだぞ。これまでに勉強してきたことが、たった1試合でパーになるかもしれない。サッカー界から足を洗わなきゃいけなくなるかもしれない。俺は、そういうお願いをしているんだ。だから、よく考えて返事をしてくれ」

なるほど、そういうことなのかとわかりました。今、振り返ると「さすが、岡田さんだな」と思います。それだけ腹を括っていたということです。俺にはその覚悟がある、お前ももし腹を括って俺と同じ気持ちなら一緒にやりたい、ということだったのです。

この人は、そこまで考えて話をしているんだ。

そう驚かされました。それでも、私に考える時間は必要ありませんでした。

「明日まで待つ必要はありません。その覚悟はできています。一緒にやりましょう」

「そうか、わかった」

実際、私自身もワールドカップに出場できなかった場合はサッカー界から身を引く覚悟でした。もしここで受ける勇気がないようだったら、たとえサッカー界にいたとしても、これから先、常に逃げの人生を歩むことになるとも感じていました。

いずれにせよ、あのときは、誰もがそれぐらい追い込まれていたのです。

「きっかけ」をキーワードにしたトレーニング

加茂さんの更迭の1週間後、第5戦のウズベキスタン戦がタシケントで行なわれました。試合は1点のビハインドで迎えた後半のロスタイム、呂比須ワグナー（現・パウリスタFCコーチ）のゴールでなんとか追いついて引き分け。しかし勝点3を奪えず、順位は3位のまま。

帰国して静岡で合宿を行なっていたチームに、私も合流しました。

岡田さんはトレーニングに微修正を施していました。それまでの「ゾーン」という言葉に代わり、「きっかけ」という言葉が頻繁に聞かれるようになっていました。

ゾーンを設定してそこに入ってくるのを待つのではなく、どのゾーンであっても積極的にプレッシングを仕掛ける。高い位置であっても相手の横パスが少しでも甘くなったときなど、自分たちが食いつける「きっかけ」があれば積極的にボールを奪いに行くという考え方です。

相手のチームが正確で速いパスをつないでいるうちは、ボールを奪いに行く「きっかけ」がないので下がらざるを得ない。けれども不要なバックパスをしたとき、コントロールミスをしたとき、緩めの横パスが出たときには思い切ってラインを押し上げて一気にボールを奪いに行く。

つまり、ディフェンスの局面は2つだけ。プレッシングに行っているときと、行っていないとき。

行くときのタイミングに関しては、監督が「今だ！」と言わなくてもいいようなレベルを目指していました。言い換えれば、選手たちが自分たちの判断で、しかも全員が同じピクチャーを描いて、同じタイミングで動けるように繰り返しトレーニングしたのです。

当然、最初はタイミングが合わない。そんなときでも、岡田さんは絶対に「今行くんだ」とは言わない。「お前たちで正解を見つけろ」という感じでした。そこはムリだろうと思った状況でも誰かが行けば、その選手の答えが正解になるように全員が合わせればいい。

「今の選択は正解、不正解」を言い出すと、迷いが生じると思ったのでしょう。時間がない中、混乱だけは避けたかった。

そうこうしているうちに、選手たちから自然と声が出始めました。

「まだいい、まだいい。次狙え、次狙え」

そんな声が山口あたりから出るようになったのです。

前線の選手は前線の選手で、行くときは「ゴーゴーゴー」と声を出す。カズなんかはプレッシングに行くとき、必ず「ヘエイ」と大声を発していました。中山雅史も同じ。そうやってチームに1つの意志が生まれるようにしていきました。

岡田さんは「ほとんどの時間をメンタルコントロールに費やした」と言っていました。

それまで加茂号に乗っていた選手たちが、急遽、岡田号に乗り換えることになった。そのとき「俺は加茂さんのサッカーをやるつもりでここまで来たんだ。岡田さんに変わるなら降りる」と言われたら、どうすることもできない。

だから、「自分は責任を背負って監督をやる。みんなが俺についてきてくれるんだったらありがたい」ということを最初に言うことで、「心と心の契約」のようなものを結んだそうです。

岡田さんにしても加茂監督の下でここまでやってきた。辞めるなら自分も一緒だという思いと、日本サッカーのことを考えると引き継いでいかなくてはいけないという思いの両方があり、相当な辛さの中でのチームマネジメントだったと思います。

中田英寿の存在　中心か、外に置くべきか

もう1つ気にしていたのが、中田英寿の存在です。

「チームの中心となるか、チームの外に置かざるを得ないか。そのどちらかだ」

それが、コーチとしてチームを見てきた岡田さんの考えでした。

1－1で引き分けたアウェイのウズベキスタン戦、岡田さんは中田を先発から外しています。

実はそこで、中田の様子をチェックしていたのです。スタメンを落とされた中田が、どのような

態度でトレーニングに臨むのか。絶対にワールドカップの出場権をつかむという強い意志を見せてくれるのか。そこを確認したかったのです。

岡田さんには「チームの中心になれない場合、中田をメンバーから外さざるを得ない」という覚悟がありました。

中田は腐るどころか、誰よりもひたむきにトレーニングに励んだ。交代出場したウズベキスタン戦でも、チームのためにハードワークし、最後までボールを追いかけていました。その姿を見て「おそらくアイツ中心のチームになる」と確信したようです。

戦いに臨むうえでは、選手たちの自信を回復することも大事な作業でした。

あのときの日本は、持ち味である溌剌《はつらつ》とした躍動感のあるサッカーから道を外れて、萎縮したサッカーに落ち込んでいました。

「自信を持て」と言うのは簡単ですが、そう声をかけるだけでは回復なんてできない、そんな深みにはまっていたのです。砕け散った自信を積み重ねていくにはどうすればいいか。

小さな自信を与えることで、1つの小さな成功が生まれる。そしてそれがさらに少し大きな自信へとつながる。その地道な作業を繰り返していきながら、自分たち本来の溌剌としたサッカーを作り上げていくこと以外に方法はなかったのです。

そこで活用したのがビデオです。対戦相手のビデオも観ましたが、自分たちのトレーニング風景を録画して、選手たちの動きを細かくチェックしました。紅白戦のときは屋根の上に登って、全体の動きがわかるような画を撮りました。それが大きかった。

ビデオを観ながら、「最初はこんな問題点があったけど、ハーフタイムを挟んでからはこんなに良くなっている」と伝えるのです。問題点を指摘するのではなく、自分たちで解決する力があることを、ビデオという証拠を見せることで確認する。映像は、選手たちの自信を取り戻すための手がかりでした。

選手たちの反応は上々。とりわけ中田は、頻繁に私の部屋に来てビデオを観ていました。

「今日の練習のビデオ観せてよ」

部屋にやって来た中田とは、ずいぶん話をしました。

「この場面は、こっちにもスペースが空いていたよな」

私のそんな言葉に、中田も「うん、うん」と頷いていました。同世代の仲間たちと話すよりも、大人と話す方が好きに見えた中田は、もっともっと話したいようでした。

「あ〜、あそこはもっと前へ出てくれるとな」

「FWはもっと直線的に走ってくれていいのに」

それを聞いた私が、翌日のトレーニングでFWにそうアドバイスしてくれたら……。頭のいい彼はおそらく、そこまで計算していたような気もします。

彼は100パーセントの力でトレーニングをする選手です。そして、周りにもそれを求める。100パーセントでやらない選手がいると、我慢できないタイプなのです。練習中にチャラチャラした雰囲気になると本気で怒って、「もうバチバチやんなきゃだめですよね」なんて同意を求めてくる。

ワールドカップ出場を決めた直後、「練習はあまり好きではないんで……」と言って練習嫌いのように見せていた中田ですが、実は誰よりも一生懸命トレーニングする選手でした。自分がやり足りないと感じたときは、納得するまでボールを蹴ってから帰る。彼の持ち味の1つである速いパスにしても、常に磨きをかけておかないとブレてしまう。

私も全体練習のあとで、よくパス練習につき合わされました。ビューンと唸るようなパスが飛んできて、それを必死で止めて、こちらも強めのパスを返してやる。そうこうしているうちに心拍数が上がって、トラップするのも大変になってくる。そこで私が少しでもミスしようものなら、「あれ〜、今の何〜」とからかわれることもありました。

ちなみに、当時グラウンダーであれだけのスピードを出せるのは中田だけでした。というよりも、速いパス自体の重要性が世界大会などのテクニカルレポートでようやく認識されつつあるといった頃だったと思います。レベルが高くなればなるほどパススピードの重要性が増してくる。彼がごく自然にそのことに気づき武器として磨きをかけていたということは、当時から視野が常に世界に向いていたことの証明に他ならないと思います。

新しい風を吹かせるため練習はシンプルに

岡田さんが新しい風を吹かせたことによって、自信を失っていた選手たちの精神面が少しずつ変化し始めました。

「自分たちでチームを作り上げていくんだ」

そんな意識が芽生えたんじゃないかと思います。

攻撃面では、それまで大事にしてきたトライアングルの意識を発展させて、トライアングルを崩しながら、新しいトライアングルを作るという考え方を導入しました。

味方のボール保持者（保持者がいない場合も）に対して、三角形ができるようにポジションを取るのが基本的なトライアングルの概念でした。しかし岡田さんは「トライアングルを維持して、そのまま移動しても仕方がない」とコーチングした。1人が引いて、1人が前へ出る、あるいは横に広がるなど、三角形を崩しながら新しい三角形を作ることを徹底しました。

3人が流動的に動き、積極的にスペースを突くことで、ボールを奪われてもすぐに奪い返せるという守備面のメリットも考慮していた。

つまり現在の主流となっている流動的なサッカー、ポジションに縛られず積極的にスペースに飛び出し、同時に全員が連動するサッカーを、わかりやすく取り入れたのです。

例えば、オランダなどはピッチをワイドに使ってそれほど互いのポジションは変えずにボールを動かしてくる。この場合はトライアングルがそのまま維持される傾向が強くなりますが、スペインやアルゼンチンなど比較的身体のサイズに恵まれていない国、要するに日本に近い国の中には、どんどんトライアングルを崩しながら（右の選手が左に、左の選手が右にずれるなどして）ボールを回すサッカーを志向しているチームもあります。

私は、日本人の特長であるアジリティ（俊敏性）や組織力、連動性を活かすのであれば後者、トライアングルを保つのではなく、トライアングルを崩しては新たなトライアングルを作り出していく方が合っていると今でも確信しています。

始めは非常にシンプルなトレーニングの中で、新しいトライアングルを作る動きを確認していきました。岡田さんがボールを出して、3人1組のグループがポジションを入れ替えながらゴールを目指していく。岡田さんはやはり、「こう動きなさい」とはほとんど言わない。無言のうちに「自分たちで正解を作り出さないといけないんだ」というメッセージを込めていたのです。

守備面での「きっかけ」、攻撃面での「新しいトライアングルを作る」は、どちらも大会中に取り組むようなレベルのトレーニングではありません。

しかし岡田さんは、チームを引き継ぎ、限られた時間の中でできること、すべきことは何かを考えた。熟考の末に出された答えは、選手たちに自信を持たせることだったのではないでしょうか。

「お前たちは何を悩んでいるんだ？　問題はそれほど深くないんだよ。ちょっとした意識の問題、自分たちでゲームを作り、自信を持って戦えば大丈夫なんだ」

選手たちの意識が変われば、必ず結果が出ると信じていたのです。

スタジアムに監禁されたUAE戦

加茂さんの更迭から約3週間、国立競技場でフランスワールドカップ・アジア最終予選第6戦のUAE戦が行なわれました。

試合は1－1の引き分け。試合後、死にそうになりました。

あのときは……スタジアムから帰れなかったのです。結果に不満を持ったサポーターの一部が門の前に殺到して、パイプ椅子、ビン、カン、生卵などが、容赦なく投げつけられました。

「国立暴動、カズ監禁」

翌日の新聞には、そんな見出しが躍ったそうです。

ボコボコになったチームバスで帰るのは危険と判断した私たちは、一度ロッカールームに戻って待機。しばらくして、空のバスをダミーで出して、その間にスタジアムで働いている方々の好意でマイカーに2、3人ずつ乗せてもらう。ダミーで出したバスとは反対のルートで、スタジアムを出てなんとかホテルに辿り着いたのです。

試合そのものは、開始3分、前線に抜け出した呂比須の素晴らしいゴールで先制。しかし、前半のうちに追いつかれると、追加点を奪えないままタイムアップの笛を聞いたのです。

それでも、目指しているサッカーの兆しが見えるなど、チームとしての手応えはありました。試合内容も悪くなかったと思います。唯一、結果だけが出なかった。どこが相手でも簡単に勝てるゲームなどなかったと思いますが、勝点1ではとうてい満足できない状況でした。

UAE戦、岡田さんはそれまでの3バックから4バックにシステムを変えました。その方が、日本の良さを出せると判断したのです。

4－4－2の方が中盤でプレッシングをかけやすくなる、という考えがありました。また攻撃を考えた場合も、効果的なトライアングルを作りやすくなる。例えば中田がボールを持ったとき、その前に2トップだけがいるよりも、トライアングルができていれば選択肢が増えるし、いろいろな動き出しが可能になる。そのときこそ中田のスルーパスの輝きも増すと考えたのです。

UAE戦のメンバーは、2トップがカズと呂比須。中盤は、2ボランチが名波浩（元・ジュビロ磐田）と本田泰人（元・鹿島アントラーズ、56分に山口に交代）、FWに近い位置に中田と北澤豪（元・ヴェルディ川崎）がいる形でした（**図16**）。

攻撃のときは本田が1ボランチを務め、トップ下に北澤が入り込むことで中盤にダイヤモンドを作り、カズ、呂比須、北澤の3人が前線でトライアングルを形成。そして、中田と名波が自在にポジションを取りながら攻撃を組み立てていくように変化させました。

そのうえ、名良橋晃&相馬直樹（ともに元・鹿島アントラーズ）の両サイドバックも高い位置

図16 UAE戦日本代表のフォーメーション（フランスW杯 1997.10.26）

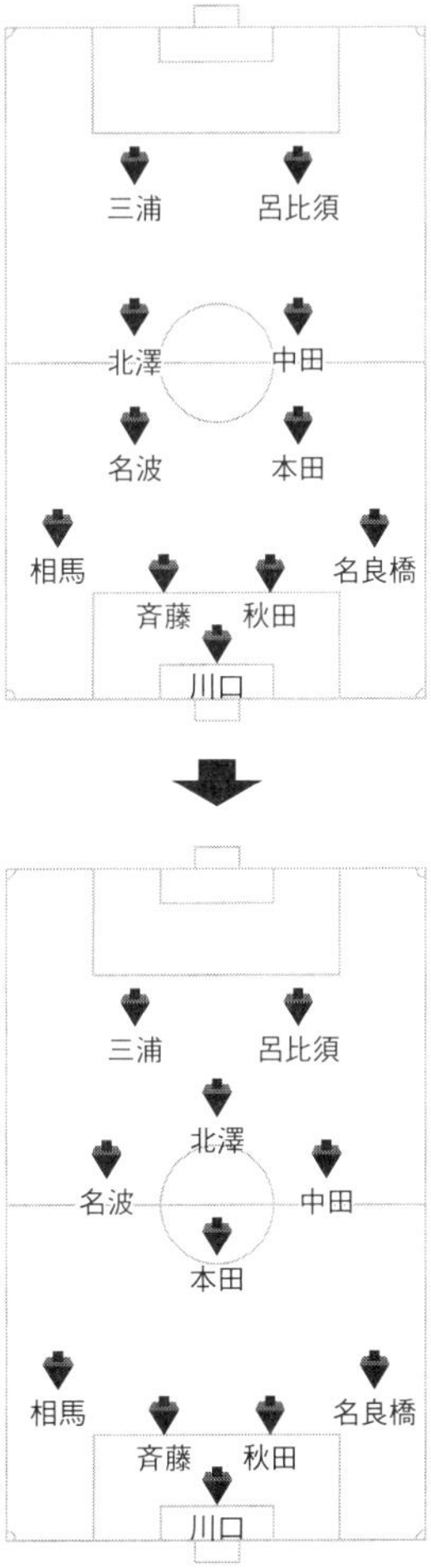

効果的なトライアングルを中盤で作るために、4バックに変更した。中盤は、2ボランチが名波と本田。FWに近い位置に、中田と北澤がいる形。

攻撃のときは、中盤をダイヤモンド型にして、三浦、呂比須、北澤で前線にトライアングルを形成。

に上げ、その分、本田や山口が2人のセンターバックの間に顔を出しビルドアップに参加したりもしたので、見る人によっては北澤がトップ下に入る3－5－2に見えたかもしれません。

いずれにせよ、4－4－2をベースに攻守両面で流動性を出す狙いがあったのです。

▼▼▼土壇場に追い込まれた運命の韓国戦

第7戦、アウェイで迎えた運命の韓国戦。

6試合を終えて勝点16の韓国は、早くもワールドカップ出場を決めていました。この時点で3位・日本の勝点は7、2位・UAEの勝点は8。すでに自力突破の可能性は消えていました。そして、負ければフランス行きが絶望的になる一戦でした。

しかも、日本はこの時点で通算成績9勝14分33敗。アウェイでは一度しか韓国に勝ったことがなかったのです。日本と韓国の間には大きな力の差が存在していました。

韓国はチェ・ヨンスを中央に置いた1トップ、あるいはコ・ジョンス、ソ・ジョンウォンとの3トップとも言える布陣。その韓国に対して日本の4バックは効果的でした。攻撃面でも韓国の中盤はマンマーク気味についてきたので、日本が目指していた流動性が韓国のバランスを崩し、序盤から決定機を作りました。

先制点は前半2分。左サイドを駆け上がった相馬のクロスを呂比須がつなぎ、ゴール前で待ち構えていた名波が流し込むという、ある意味、狙い通りの得点でした。前半37分の2点目も、左の相馬のトリッキーなパスから呂比須が決めました。

「このまま攻め続けろ！」

前半で2点のリードを奪ってのハーフタイム、岡田さんはそう檄《げき》を飛ばしました。守りの姿勢は見せたくなかった。最終予選の途中から萎縮したところがあった中で、ようやく強気のサッカーが戻ってきた。そうした良い流れを維持したかった。守備の意識が強くなると、前半に見せた強気のサッカーが変わってしまう怖れがあったのです。

この韓国戦、これといったデータを選手たちに与える必要はありませんでした。韓国の特徴は誰よりも選手たち自身が知っていました。そして何よりも、ホームで逆転負けを喫した悔しさが高いモチベーションにつながっていたのです。

スカウティングの面から言うと、日本と韓国はともに十分な情報を持っています。自分たちが韓国に詳しいのと同様に、韓国もまた日本に詳しい。あの当時、両チームが持っている情報量はイーブンだったのではないでしょうか。

とはいえ、個人的には韓国のようなタイプは得意です。もちろん総合力の高さはアジア随一で、ガチンコ勝負の末に力尽きることもありますが、こと戦略に関しては練りやすいタイプのチームだったと思います。

局面局面で個々の応用力に頼るのではなく、チームとしての約束事を守る。植えつけられている戦い方を遂行するといった印象があります。あるいは、選手自身がそうしたプレーを志向しているのかもしれません。

守備では、人につく守り方が特徴です。マンマークにはマンマークの良さがありますが、流動性を持たせることで相手のバランスを崩し、連動性と個々のアイデアで勝負すれば意外と与しやすい部分もある。

攻撃に関しても、ある程度読むことができる。ただし、わかっていてもチェ・ヨンスの高さにやられる、要するに読んだ通りに決められるという、最も悔しいやられ方もありますが……。ところがあの試合に関しては、ロングボールに対してチェ・ヨンスがファーサイドに逃げて、落としたところに2列目、3列目の選手が走り込んでくるという韓国のお得意の攻撃を、うまく抑えることができました。

逃げる動きのチェ・ヨンスに対して、センターバックの秋田豊（元・鹿島アントラーズ）か井原正巳（元・横浜F・マリノス）がある程度まで深追いする。そのとき空いた中央のスペースは、山口が下がって埋めるという形をとりました。もちろん、チェ・ヨンスが危険ではないポジションまで移動したときはマークを受け渡す。ただし、ゴールへ直結するプレーが予測される場合は安易にサイドバックに任せない。それほど身長に恵まれていない相馬と名良橋は、ヘディングが決して強い選手ではない。だから、チェ・ヨンスが流れてきたら井原か秋田と入れ替わり、ゴール前をカバーするように伝えてありました（**図17**）。

言ってみれば、それぞれがストロングポイントを出せるようにしたのです。

もちろん韓国には、この対応を逆手に取って井原、秋田を外に引きずり出したところに精度の高い攻撃を仕掛ける狙いもあったでしょう。ですが、韓国がそのような攻撃を仕掛けてきた場合は、我々のディフェンス力の方が上回っているだろうという読みもありました。

勝たなくてはいけない中でのゲームプランとしては、いかに相手を崩すかに比重を置いた。だからこそ、岡田さんになってから取り組んできた流動的にトライアングルを作る動き、さらには自分たちがイニシアチ

図17 韓国戦 チェ・ヨンスの動き（フランスW杯 1997.11.1）

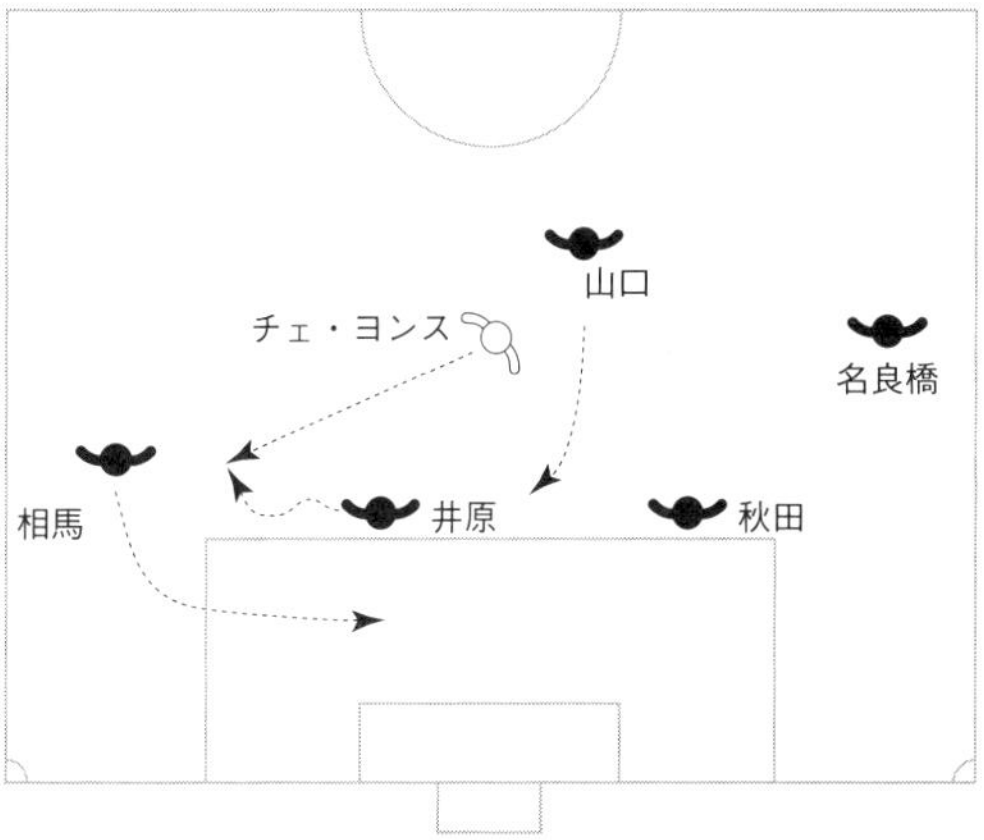

ファーサイドに流れるチェ・ヨンスには、CBの井原あるいは秋田が対応。空いた中央のスペースは、山口がカバーする。SBはヘディング勝負はしないように指示をしていた。

人の動き

ブを握るというメンタル面の変化に、大きな意味があったのです。

日本の選手たちは、積極的にスペースを突き、ときには自分が囮となって味方を活用するなど、躍動感のあるサッカーで韓国を圧倒しました。

振り返ると、土壇場に追い込まれたことでの開き直りが少なからずありました。誰もが、もう後はないと覚悟を決めていたのです。

韓国に着いたときに、私は長沼健さん（元・日本サッカー協会会長）に呼ばれて話を受けていました。おそらく、岡田さんは知らなかったと思います。

「負けは絶対にダメ。引き分けでもダメかもしれない」

「そうですね」

「引き分け以下でワールドカップが絶望的になる。もしそうなったら、国立で行なわれる最終戦のカザフスタン戦は懺悔《ざんげ》試合になる」

「はい……」

「協会として、岡田をさらし首にするわけにはいかない。ここまで戦ってきた選手たちも同じだ。だから、もし引き分け以下だった場合、カザフスタン戦はお前が監督をやってくれ」

「……」

「俺が責任を取るから、可能性のある若い選手たちを集めて、お前が指揮を執れ」

そのときは岡田さんに相談するわけにもいかず、困りました。

あのとき、もし韓国に負けていたら大変なことになっていたでしょう。岡田さんは辞任するに決まっているし、それまでのメンバーを使うわけにもいかない。誰が監督をやる？　となったら私しかいないというのが、日本サッカー協会の結論だったようです。

「もしそうなったら、やらざるを得ないと思います……。でも、そんな心配はしないでください。絶対に勝ちますから」

私は、そう答えました。長沼さんの決意の表情に、ささやかな微笑を感じました。

岡田さん、長沼さん、選手たち……、あのとき関わったすべての人が覚悟を決めていたのです。もちろん、私自身も。

そうした覚悟が奇跡のような結果を導き出しました。強豪・韓国相手の絶対に負けられない一戦で2－0の完勝を収めたのです。韓国相手にアウェイで収めた勝利は、実に13年ぶり。すでにワールドカップ出場を決めていた「赤い悪魔」に本来の勢いがなかったと感じた人もいるようですが、そのことを差し引いても、十分に価値のある勝利でした。

もしものことがあれば、多くの関係者が違う人生を歩んでいたでしょう。岡田さんは負けたらサッカーの世界から足を洗っていたはず。私もまた、サッカー界に身を置くことはできなかった。もしかしたら、韓国から日本に帰ることも難しかったかもしれません。

負けが許されない状況での勇気ある決断

すっかり自信を取り戻したチームは、アウェイで手痛い目に遭ったカザフスタンをホームに迎え、最終予選ラストゲームを戦いました。そして、そのカザフスタンに5－1の快勝を収めた日本はBグループで2位となり、アジア第3代表の座を懸けた大一番、マレーシアのジョホールバルで開かれたイラン戦に臨むことになったのです。

このイラン戦も負けの許されない一戦でした。試合前、岡田さんと冗談交じりにこんな会話を交わしたのを覚えています。

「負けたらどうする？」

「そうですね……日本には帰れないかもしれませんね」

「負けたらマラッカ海峡に飛び込むって言っちゃったしなぁ」

「一緒に飛び込みますか」

「岸から2、3メートルのところから飛び込めば、そのへんでプカプカ浮いてるだろ（笑）」

フランスワールドカップの出場権が懸かった試合は、激戦となりました。

私たちがイランを研究していたのと同様に、イランもまた日本を研究していたのです。どうやら直近の韓国戦、カザフスタン戦をチェックして、警戒心を強めていたようです。

イランが自分たちのスタイルを崩すか崩さないか、つまり、日本に合わせてくるかこないかは大きな問題でした。日本対策を講じてくるのか、自分たちのサッカーを貫いてくるのか。そこでゲームの流れは大きく変わる。

イランがそれまでの自分たちの戦い方を崩さずにきたら、あるいは10回戦って3回勝てるかどうか。それぐらいの力の差があったと思います。当時のイランは、紛れもなくアジアのトップレベルでした。私は、サウジアラビアとイランがアジアのナンバー1、2だと思っていました。この2チームが頭一つ抜け出ているという印象があったのです。

イランには、ダエイ、アジジ、マハダビキア、ハクプール、ザリンチェ、エスティリ……、ヨーロッパでも活躍できるレベルの選手がたくさんいました。そんな中で幸運だったのは、素晴しい能力を持ったMFバゲリが出場停止だったこと。正直、日本は彼の不在に助けられた面が大きかったと思います。

日本に対する警戒心とバゲリの出場停止を考慮したのか、イランはそれまでの自分たちの形を捨てて、日本に合わせてきました。

ダエイ、アジジが2トップを務める3－5－2が本来の形でしたが、この日はダエイ、アジジ、マハダビキアが前線に残る3－4－3。そこには、相馬の動きを封じるという狙いがありました。韓国戦、カザフスタン戦を観たイランのビエイラ監督は、おそらく日本のストロングポイントを抑えない限り勝てないと思ったのでしょう。

相馬は絶好調でした。韓国戦で2ゴールをお膳立てし、続くカザフスタン戦でも2アシスト。

左サイドでガンガン攻撃参加する相馬は、日本にとって大きな武器となっていました。

実際に試合が始まって、イランの「相馬封じ」の手が明らかになりました。

私は、相馬が攻撃参加したときにマンマークで抑えにくるかもしれないと予想していました。ところが準エースであるマハダビキアを相馬の前に置くことで、相馬の攻撃参加自体を抑えようとしてきたのです。

相馬がポジションを上げてもマハダビキアはついてこない。つまり高い位置に残ることで、相馬をマークせざるを得ない状況に追い込む。結果的に上がれなくしようとしてきたのです。

そのためにイランは若手のエース格、後にドイツのブンデスリーガで大活躍することとなるマハダビキアというカードを使ってきたのです。

開始5分、相馬がベンチに向かってこう言ってきました。

「上がりたいけど、マハダビキアが残っています。どうしますか？（攻撃参加を）抑えた方がいいですか？」

「構うな。そのまま思い切って行け！」

相手の意図を見抜いていた岡田さんは、間髪を入れずに答えました。

マハダビキアの攻撃力は脅威だったので、相馬を上がらせるか残すかは、ゲームの分かれ目になるほど重大な決断でした（**図18**）。

相手の狙いがわかっていたとしても、あの状況で勇気を持って「行け！」と踏み切れる監督はそういないと思います。負けたら自分のサッカー人生が終わるゲームです。誰だって手堅く戦いたいと考えるでしょう。ところが、岡田さんは違った。あの勇気、あの決断力を振り返ると、今でもあの長かったワールドカップ予選の最もキーとなる瞬間だったと思います。

相馬が上がることで、日本の最終ラインは井原、秋田、名良橋の3枚。つまり、マハダビキア、ダエイ、アジジの3トップに対して3対3の状況になる。けれども、ボランチの山口が中盤の位置から最終ラインをカバーすることで十分対応できると踏んでいました。だからこそ岡田さんは「迷わず行け」と言った。

この決断によって、イランのゲームプランは崩れました。相馬を釘付けにする作戦は消滅したのです。

試合前のシミュレーションがなければ、イランの真意を見抜けず、間違った選択をしていたかもしれません。頭が真っ白になり、まずは抑えることしか考えられなかったかもしれない。だからこそスカウティングによる分析、それに基づいたシミュレーションに意味があるのです。前日までにいく通りもの想定をしておく。何パターンもの想定があるから、焦らず、しかも勇気を持って一歩前へ出る発想ができる。眼の前の状況に対して、そこを埋めるネガティブな発想ではなく、自分たちから仕掛けていくポジティブな発想ができるのです。

思い返すと、日本の方が精神的に優位に立っていたのかもしれません。

イランは警戒心が強かったのか、トレーニングでもいつもと違う動きをしていました。わざとふざけた練習をしたり、日本の選手たちがストレッチしている真ん中を走ってみたり。アジジが車椅子に乗って、あたかもケガで戦列を離れたかのようにメディアの前に現われたこともありました。一種の陽動作戦だったのでしょうが、日本を怖がっている証でした。

とにかく、日本としてはイランが自分たちのスタイルでくるのが最も怖かった。しかし幸い、実力で上回るイランが日本を警戒して、自分たちの得意な形を変えてきた。それに対して日本は、落ち着いて対処することができた。

言ってみれば、両チームの意図と意図が開始5分でバチバチッと火花を散らしたのです。

▼▼▼Vゴールで決めた！ W杯初出場

立ち上がりの駆け引きで主導権を譲らなかった日本は、押し気味にゲームを進めました。前半39分、中山雅史の先制点は練習通りのゴール。

イランの3バックの右サイドにいたハクプールは、ボールウォッチングの癖があったのです。アトランタ五輪のときのブラジルのDFロナウドと同じでした。

だから「一旦中に絞ってから外に逃げる動きをすれば、絶対にマークを外すことができる」と言ってありました。選手たちに何回もビデオを見せて、その動きを確認。練習の中でも意識を徹底させました。

図18 イラン戦サイドの攻防（フランスW杯 1997.11.16）

準エースであるマハダビキアを相馬の前に置くことで、相馬の攻撃参加自体を抑えようとしてきた。相馬がポジションを上げてもマハダビキアはついてこない。それでも相馬を積極的に上がらせて、撃ち合いの形で勝負をかけていった。

┈┈➤ 人の動き

前日の全体練習のあとで、中山が私のところへやって来ました。

「イメージはつかめたんだけど、実際にピッチでやっておきたいんですけど」

頭ではわかっているが、どういうステップを踏めばいいのか、動きに緩急をつけるタイミングはどんな感じがベストか、身体で覚えたかったのでしょう。中へカットインする動きから、チェックの動きと言われる急激なステップの変更で相手の視野外へ動き直した中山に、私がパスを送り、シュートで終わる。そんな練習を10本ぐらいやりました。

1点目のゴールは、まさしく同じ形。大喜びした中山が「やったぜー」という感じでベンチに走って来たのを、よく覚えています。

相馬のオーバーラップも効果的だったし、中田のスルーパスもズバズバと決まっていた。後半開始直後にダエイのシュートのこぼれ球をアジジに押し込まれて同点となりましたが、主導権は明け渡しませんでした。

4－4－2の日本は完全に中盤を支配。イランが3トップにしてきたことで山口や中田など、中盤でフリーになる選手が出てきたのです。攻撃のときは北澤が中に絞って、空いたスペースに相馬がオーバーラップしました。イランの3－4－3の中盤4人に対して、日本は中田、北澤、山口、名波に加え、フリーで上がってきた相馬を含めると5人。

つまり、プラス1の状況を作ることができた。イランは前線で小細工を施してきたぶん、代償を支払うことになったのですただし、ダエイの高さだけは対処できなかった……。後半14分、マハダビキアからのクロスをダエイがヘディングで押し込んだとき、ダエイは空中で止まっていました。いや、私にはそう見えたのです。

リードを許した日本は、その4分後にＦＷ２人を同時に代えました。この采配も、岡田さんの度胸の良さでしょう。

カズに代えて城、中山に代えて呂比須を送り出しました。これは、けっこう早いタイミングの交代と言えます。交代すると決めてから実際には準備する時間がかかるので、岡田さんは得点された直後の後半15分には、２人の同時起用を決めていたのだと思います。

カズと中山の２人は戦えるところまで戦う、という考えもあったのでしょう。ディフェンスでハードワークする必要があったので、長くは引っ張れなかった。もちろんフレッシュなＦＷ２人を入れることが、「絶対にゴールを奪う」という選手たちへのメッセージだったことは間違いありません。と同時に城に期待している部分が大きかった。とりわけ中田と城のコンビネーションは大きな武器と考えていました。

とはいえ、絶対的エースとして日本代表を引っ張ってきたカズを、この大一番で下げたのですから、大きな覚悟があったはずです。非常に思い切った采配でした。

▼▼▼ 2人同時交代でピッチにメッセージを送る

2人同時交代は、私も監督のときによく使った手です。このときの岡田さんの交代がそのまま当てはまるわけではないですが、2人交代にはいろいろな意味があります。

まずは2枚同時に代えることで、大きくシフトチェンジする場合。2トップを3トップにするなど、大幅に戦術を変えて戦う場合です。

また、本当の意図を隠すという方法もあります。これは戦術としては面白い。しかも、相手に対して意図を隠す場合と、味方に対して意図を隠す場合の2パターンあります。

相手に対して意図を隠す場合は、本当に代えたい選手を1枚代えて、もう1枚は疲れの見える選手をダミーで代えるというやり方です。例えば、相手のどちらかのサイドに問題が生じていたとき、サイドをえぐらせようとスピードのある選手を入れたいとします。そのときに、同時に異なるタイプの選手を起用するのです。背の高い選手を起用してパワープレーを警戒させたり、サイドバックを起用してオーバーラップを警戒させたり。

すると、片方の選手に気を取られて本当の意図がわからなくなる。スピードのあるFWにサイドをえぐらせるのが真の狙いなのに、同時に異なるタイプを入れることでそれを隠して、相手の対処を遅らせるのです。

もちろん、交代のカードをムダに切るのではなくて、疲労が目立つからどこかのタイミングで代えようと思っていた選手をダミーとして同じタイミングで代えます。

もう1つは、自分たちのチームに本当の意図を隠すための交代です。

選手たちに自然とメッセージが伝わるような選手交代をすれば、チームの意思統一を図れるのですが、逆に言うと選手交代というものは、ピッチで戦っている選手たちにそれだけ強い意識を働かせるものなのです。

例えば1－0でリードしているとき、いかに戦うか。

私は最も難しいケースだと思います。1点を奪うためにドンドン前へ出てくる相手に対して、耐え続けるのが厳しくなってきた。中盤の選手は特に疲労が激しい。そんなとき、ボランチの選手だけを交代させると、守り切るという意識が強くなりすぎる。それが逆効果となり堤防が決壊してしまう怖れがある。弱気になり、たたみ込まれる危険性があるのです。

だから、高さと強さに長けたボランチを起用しながら、スピード、運動量のある選手を前線に投入する。そうすることで、このまま守り切るのではなく、まだまだ攻めるんだという選手たちの気持ちを呼び覚ましていくのです。

1点リードを守り切ることがベンチの本当の意図だけど、その気持ちが選手たちに伝わると、守備的な意識が過度になってしまう。そうさせないために、あえて自分たちのチームに本当の意図を隠すという選手交代の方法です。

話が逸れましたが、運命のイラン戦は岡野雅行（現・ガイナーレ鳥取）の素晴らしいVゴールで幕を閉じました。通常、選手はゴール裏でアップをしていて、選手交代のときは私が走って呼びに行っていました。ほとんどの選手が俺か俺かといった表情で私と視線を合わせてきます。

でも、このときは岡野の方に走っていっても、気のせいか私から遠ざかっているようで「えっ、まさか俺?」という感じでした。

延長戦に入ってからは圧倒的な日本ペースで、しかも交代出場した岡野は再三チャンスを作り出してくれました……けど、なかなか決めなかった。もし岡野があのまま外し続けて、PK戦で負けようものなら大変だったでしょう。それが最高の英雄として日本に帰ってくることができた。運命というのはわかりません。

ジョホールバルでのイラン戦は選手たちの素晴らしいパフォーマンスはもちろん、いろいろな駆け引きが詰まった試合でした。あのときの駆け引きは、今まで経験した試合の中でも最高に面白かった。

だから、私の中でも特に印象に残っている。ワールドカップの本大会を経験して、五輪代表やユース代表で何度も世界の舞台に立ちましたが、それでも脳裏に焼きついたあの最終予選の興奮、達成感を超えるものはありません。

日本の選手たちの表情、動き、イランの選手たちのプレーぶり、スタジアムを真っ青に染めてパワーを与えてくれたサポーター。岡野のゴールの瞬間に爆発した喜びと、ワールドカップ初出場を決めたときの安堵感……。すべて鮮明に思い出せます。

もちろん、最後が万々歳だったからこそ笑って話せるわけで、もし負けていたら、あのゲームを振り返る機会などなかったかもしれません。すべての駆け引きは墓場まで持ち込まれて、闇に葬り去られていたのではないでしょうか。

【フランスW杯　本大会】

アルゼンチンと日本のレイヤーを重ねていく

フランスワールドカップ本大会に向けた準備を進める過程で、最初にあったのは世界における日本の現在位置を確認することでした。アジアを突破して世界に挑むにあたって、選手たちに要求する前に自分たちが勉強しようという気持ちがありました。

グループの組み合わせは、アルゼンチン、クロアチア、ジャマイカでしたが、最大のポイントは初戦で戦うアルゼンチンでした。初出場のワールドカップにおいて初戦が大事なのは当然ですが、アルゼンチンと互角に戦えるチームを作らなくてはいけない。そこを突き詰めれば幸い同じようなスタイルで第2戦のクロアチアとも戦えそうだ。そういった部分もあり、まずはアルゼンチンを徹底的に分析したのです。

アジア最終予選後半の日本は、ある程度主導権を握りながら戦うことができた。しかし世界が相手となったとき、「攻撃的に戦う」「守備的に戦う」ということではなくて、相対的な力関係の問題でディフェンスに回る時間が長くなる。だからゲームを支配された中で日本の良さを出しながら、勝機を見出す戦い方が前提としてありました。

アルゼンチンがどんなサッカーをしてくるのか、読めないところがありました。南米予選でもいろいろなシステムを試して、4バックから3バックに変えるなど悩みながら戦っている印象があったのです。それでも、レイヤーを重ね合わせて見ていくと、アルゼンチンのさまざまな意図が見えてきました。

予選の始めは4バックで流動性を重視したサッカー。その頃は4点、5点を奪う攻撃力があるものの、時としてバランスを崩して、格下の相手にも大量失点を許すなど不安定でした。ダニエル・パサレラ監督はディフェンス面に不安を感じたのでしょう。それからの試行錯誤の中で、後ろを安定させた手堅いサッカーへ変えていました。

1つには頭角を現わしてきた若き司令塔ファン・ベロンの存在がありました。ベロンがレギュラーに定着してきてからは、いろいろな選手が飛び出してくるというよりは、彼中心に後方でゲームを組み立て、しかもそこから1本のパスで相手の裏を取るという攻撃を展開していました。

また、そのパスを相手DFラインの裏で引き出せるクラウディオ・ロペスの存在も大きかった。

それに期を合わせて3バックが主体となり、後方はあまり崩さず、高い位置に張るハビエル・サネッティ、ディエゴ・シメオネの両アウトサイドとベロンを攻撃の起点として、前線のタレントを駆使して攻撃を仕掛けるサッカーをしていました。

このような変化を見てきて、私たちは最終的に3バックでくるだろうと読んでいました。

300本以上のビデオからの映像探し

アルゼンチンの分析を進める一方で、それまでの日本のゲームも振り返りました。予選終盤に4バックが奏功したこともあって、当時は日本には4バックが合っている、3バックはイマイチというイメージが強まっていました。

しかし一旦その考えを捨てて、3バックで戦ったゲームを観直しました。確かに、格下相手で日本が主導権を握って戦っている試合の出来は悪かった。

ただし相手の力が相対的に上のときは、3バックの方が良い戦いをしていることに気がつきました。日本が劣勢を強いられた試合では、思っていた以上に3バックが機能していたのです。

4バックは、ある程度主導権を握れる試合では機能するが、相手のレベルが上になると非常に苦しさが出てしまう。コーチングスタッフの間では、3バックでいこうと考えていましたが、なぜ3バックなのか、選手たちに説明する必要がありました。4バックの試合で相馬が躍動感を見せたりしていたので、選手たちを納得させるための明確な理由が必要だったのです（図19）。

また、それまでの3バックとは少し違って、リベロの井原も前へ出て相手の選手を捕まえるようにする。両サイドはベタ引きにならず、中に入って中盤に厚みをもたせる。相手が2トップでくるのだから、5バック気味になってはいけない。

そんなことを端的にイメージできるビデオを作ろうと思いました。言葉では伝わりにくいし、ホワイトボードを使ってもわかりにくい。一目で「そういうことか」とわかる映像がほしかったのです。そのためのデータ探しに時間を費やしました。

国内の試合に参考となるシーンがなければ、世界中の試合から該当するシーンがないかを探しました。ワールドカップはもちろん、チャンピオンズリーグや各国のリーグ戦など、あらゆるゲームをチェックしました。

時には都内のホテルに3日ぐらい泊まり込んで、コーチングスタッフ各自が持ち寄ったビデオを確認したこともありました。私も300本ぐらい持ち込んだような気がします。

使えるシーンを探すのは、大変な作業でした。

一人ひとりがビデオのモニターにかじりついてデータを集める。それから、持ち寄った材料を全員でチェックしてみる。

「最終ラインが映ってないと意味がないよ」

「そんな映像あるわけないだろ」

「スウェーデンの守り方はいけそうだ」

そんなことを言い合いながら、可能な限り映像をかき集めました。

同時に攻撃の参考ビデオも作りました。

トライアングルを崩しながら攻めるパターンなら、「たぶんリバプールの試合ならあるぞ」などと言いながら、気の遠くなる作業を延々と続けました。

それでも、必要としていたシーン全てを補うことはできなかったので、コンピューターグラフィックスも使いました。今はパソコンで比較的スムーズに作れますが、当時はアニメーションに毛が生えた程度。何回も何回も失敗しながら、なんとか全体の動きがわかるような映像を作ったのです。

大会前の準備の中では最もエネルギーを割いた作業だったかもしれません。

ミーティングの前日に、何度かリハーサルを繰り返し、実際のミーティングに緊張しながら臨んだことを覚えています。とにかく、3バックに対する選手たちの苦手意識を取り除くことが大事でした。「やっぱり今までの方が……」といった迷いを抱えたままでは、世界を相手に戦えるはずがない。

「よし！　これで戦うんだ」

選手たちがそう思えるように仕向けることができるかどうか。そこが最大の勝負だと思っていました。

図 19　日本代表フォーメーション 4バックから3バックへ

〔イラン戦〕（1997.11.16）

イラン戦をはじめとして、最終予選の終盤では、４バックを採用していた。相馬の飛び出しなど、躍動感が見られ機能していた。

〔アルゼンチン戦〕（1998.6.14）

アルゼンチン戦では、３バックを採用。リベロの井原も前へ出て、両サイドはベタ引きにならないようにして、中盤に厚みを持たせた。

アルゼンチンで警戒すべきはC・ロペス

アルゼンチンは、攻守ともに世界のトップレベルと言える強敵でした。

攻撃力はもちろんのこと、ハードワークをしながらのプレッシングに特徴があった。簡単にボールを持たせてはくれないだろう。激しいプレッシングでボールを奪いに来るはず。そう予想していました。アルゼンチンのようなサッカーを志向するチームは、アジアではあまり多くなかった。ウズベキスタンにその傾向があったとはいえ、レベルは全然違う。

そんなチームを相手に、どのように戦えばいいのか。

激しいプレッシングに恐怖を感じるのではなく、チャンスと思えばいい。相手のプレッシングを利用して、そこからチャンスを作ることを心掛けました。

もう1つは、相手の持ち味をいかに消すか。FWを務めるのがガブリエル・バティストゥータなのか、エルナン・クレスポなのかわかりませんでしたが、どの選手でもボールは受けられる、キープ力はある、個人の力でシュートまで持ち込める、すごい面々でした。そんな中で私たちが最も警戒していたのが、C・ロペスでした。

彼もまたDFの視界から一瞬消えて、ゴール前にすっと現われてくるタイプのFW。「そこをしっかりマークしなさい」と言うだけでは、どうにも防げないレベルの選手でした。だからこそ、パスの出し手をいかに封じるか。C・ロペスにボールを出す選手にプレッシングをかけることが重要だと考えたのです。

中盤にはベロンがいました。ほとんどの攻撃がベロンを起点にしている。アリエル・オルテガのドリブルも脅威でしたが、ボールを持ってある程度時間をかけるタイプなので、そこは井原を始めとしたディフェンス陣で対処できると思いました。

それよりもバティストゥータあるいはクレスポの動きに気を取られている間に、ベロンからの1本のパスでC・ロペスに突破されるのが怖かった。

だからDFがしっかりC・ロペスの動きを見るだけでなく、中盤をコンパクトにすることで、ベロンへしっかりプレッシングをかける狙いを持っていました。

1本のパスで崩されるのが怖かったので、3バックのラインの高さにも気を遣いました。引きすぎて5バックのようになると、サネッティやシメオネといったアウトサイドに起点を作られ、さらに攻撃面で両サイドを活かす日本の持ち味が出ない。かといって高すぎる位置に設定すると、裏のスペースを突かれる危険性がある。適度なラインを保ちながら、奪いに行く「きっかけ」があれば食らいつくことを確認しました。

大会前、98年5月に実施した御殿場キャンプには、2つのメインテーマがありました。

1つは、自分たちのサッカーを「一緒に作り上げていく」ということ。いざ試合が始まれば、3バックか4バックかはあまり大きな問題とはいえません。

どうやって相手のボールを奪い、どのように自分たちの攻撃を作り出しゴールへと結びつけるか、そのコンセプトこそが最も重要なものになります。日本の持ち味である連動性を持たせて、全員が攻守に関与すること。1人が動けば全員が動く、そうした流動性を持ったサッカーを展開することを目指していきました。

もう1つは、初めてのワールドカップだからこそ「選手たちを堂々とピッチに送り出そう」ということ。それに関しては現場にいたコーチングスタッフ全員が、自分たちに課せられた最大の使命と理解していました。

98年に入ってからは、実戦の中で攻守のレベルアップも図っていきました。

2月にはアデレードでキャンプを張り、オーストラリアに3－0で快勝。3月のダイナスティカップでは、国内で韓国、中国と対戦して1勝1敗。4月にアウェイで韓国に1－2の敗戦。パラグアイとチェコを迎えたキリンカップは、それぞれ1－1、0－0のドローでした。そして開幕直前の6月3日、フランスで行なった強敵ユーゴスラビアとの練習試合は0－1。どの試合でも手応えと課題を感じ、それを糧とすることができました。

本番前の最終的な仕上げとしては、新しい戦術を持ち出すことはない。ただし、今までよりもより速く、より強く、より幅広く――。そこを追求しました。

攻撃面でも変えなくてはいけないことはなかった。4バックだろうが3バックだろうが、日本の持ち味が変わるわけではない。中田、名波、山口を起点にしたテンポの良いパスワーク。相馬、名良橋、中西永輔（元・ジェフユナイテッド市原）のサイドアタック。そして中山、城、呂比須の決定力。それらの長所を活かせる工夫をし、長所自体の精度を上げていったのです。

機能した守備、不運な失点

フランスワールドカップ初戦のアルゼンチン戦は、守備に関しては良かったと思います。最も警戒していたC・ロペスには、中西がほぼマンマークでつきました。私も岡田さんも、中西には大きな期待をしていました。直前のキリンカップなどで鍛えて、大事な一戦に抜擢しました。C・ロペスをあそこまで完璧に抑えたパフォーマンスは、賞賛に値すると思います。

前線から中盤にかけての連動した守備も機能していました。

攻撃に関しても、チャンスは少なかったもののそれほど悪くなかった。予想していたぐらいのチャンスは作れました。その中で秋田のヘディングシュート、中西のドリブル突破からの呂比須の右足シュートなど決定機もありました。

アルゼンチンの中盤のキーマンであるベロンに対しては、完全にフリーにする場面はなかったと思います。特定のマークは置かなかったものの、前線から最終ラインまでをコンパクトに保つことで誰かがプレッシングをかけられる状況を作り、良いバランスで対応していました。

前線がプレッシングをかけているのに最終ラインが相手の2トップを怖がって下がりすぎると、中盤にスペースが空いてベロンを輝かせてしまう。そうすればアルゼンチンが最も得意とする1本のパスで決定機を作られてしまうので、それは避けたかった。

中盤でフリーになる選手が出てきたら、井原につかせると指示していました。カバーリングに専念するのではなく、積極的に前へ出る守備をさせたのです。それまでの3バックでやっていた、井原が後ろに余って中盤は中盤の選手に任せる戦い方はしませんでした。

左サイド（この試合では相馬）を攻められたとき、右サイドのウイングバック（名良橋）を中に絞らせて中盤を厚くすること。井原にフォアリベロ的な役割を与えて、中盤でこぼれたときにはどんどん前へ行かせること。

アジアのチーム、日本よりも格下のチームを相手に勝利を取りこぼさないようにするためなら、井原を後ろに余らせた方がいい。攻撃の組み立ての段階で相手がミスをしてくれるので、あまりピンチにはならない。突破を許したときでも、井原のカバーリングがあれば対処できる。しかし、アルゼンチンのような世界レベルのチームに対して中盤で自由を与えると、致命傷になる。そのような根拠に基づいた新しい試みでした。

アルゼンチンとの対戦では、中盤でフリーの選手を作る方が怖かった。井原が前へ出たときは余った選手がカバーリングするなど、守備の連携も確認していました。2人のセンターバックの中西と秋田は、それぞれC・ロペスとバティストゥータにマンマークでつかせました。

ですが、前半28分、バティストゥータの一発にやられてしまいました。

完全に網を張って、パスコースを読んでボールを奪いに行った。しかし、そこで奪い切れずにバティストゥータの前にボールがこぼれてしまった。あの状況は別に崩されたわけではないし、狙い通りの守備ができていただけに残念でした。

ただし、サッカーというのはそういうもの。どれだけ良い形で戦っていても、どちらに幸運がもたらされるかはわからない。私は、あのときの守備を責めるつもりは一切ありません。懸命に守っていた。むしろ後から観返すと、一瞬のチャンスを落ち着いて決めたバティストゥータが世界レベルだったと言わざるを得ないでしょう。

日本の特長であるパスワークも通用しました。アルゼンチンのプレッシングの激しさは事前に伝えてあったので、選手たちは意識的に強めのパスを出していました。

それでも、日本のパスが甘くなると一気に仕掛けてくる。実際、自陣の危ないところで何度かパスカットされるシーンがありました。ただし、日本がきちんとつないでいる限り相手もムリに奪いには来ない。一昔前の日本なら甘いパスでガンガン寄せられていたでしょうが、それほど隙を見せることなく、ボールを動かすことができていたのです。

二十億光年の孤独　一瞬を思い切りやりきる

日本の選手たちには、相当なプレッシャーや緊張があったと思います。期待していた以上に堂々と戦っていましたが、心の中はどうだったのか。

プロサッカー選手といっても、それほど強い存在ではない。実際は不安や恐怖、自己との戦いを抱えている。自信はあるけど初めての舞台だったので、複雑な気持ちだったでしょう。選手によって違うと思いますが、ワールドカップだからではなくて、Jリーグの試合でも練習試合でも、まったく緊張しない選手はほとんどいません。

だからコーチングスタッフは、ミーティングでどのような言葉をかけるべきだろうかと非常に悩みます。

ただでさえモチベーションが高まっているときに、あえてモチベーションを高めすぎる必要はない。少し緩みかけているならば、試合の意義を話すとか、気持ちを鼓舞することもありますが、アルゼチン戦の前は選手たちのモチベーションはピークにあったと思います。

岡田さんは、

「今日、君たちがやってくれるということは十分わかっている」

というような言葉から始めて、確か谷川俊太郎の『二十億光年の孤独』の一部を引用しました。広い宇宙の中に地球があって、その中の今は一瞬なんだ、けれどもそこで思い切りやろう、だからこそ思い切って燃焼しよう。気負いすぎず、恐れず、堂々とがんばってみようと、選手の内側に働きかけていたと記憶しています。

ミーティングのとき、監督が話す内容は人によってさまざまですが、おおよそは試合のコンテクスト（背景、行間の言葉）、そして基本となるチームコンセプトの再確認、対戦相手の注意点や狙い目などになると思います。

試合のコンテクストとは、この試合が自分たちにとって、あるいは相手にとってどのような状況で起こっているものなのか、どのような位置づけなのかということ。

そこを説明することで、目の前の試合の重要性を伝えていきます。例えば相手は2連敗していて必ず勝ちにくる。それに対して自分たちも、ここで負けるわけにはいかない。そんなときは「今日の試合はリーグ戦の中の1試合だけど、1試合以上の重みがある」と伝えます。

それからコンセプトを振り返り、相手の分析もする。最後にビデオを見せることで気持ち良く送り出そうと考えたりします。

あるいは言葉をかける必要がないと感じるときもあります。

これは、南アフリカワールドカップへの切符をかけたアジア最終予選、オーストラリア戦前のミーティングがそうでした。選手も高いモチベーションを見せて、試合の前日まで素晴らしいトレーニングをしてくれていました。

前日の晩に私は、例のように岡田さんと話をしながら、この調子なら細かいことは一切言わず、思い切って「君たちを信頼している」というミーティングをしてみようか、となりました。

チームコンセプトを書いた模造紙が何枚か貼ってありましたが、あえて使いませんでした。

「いろいろと伝えようと思っていたけど、今日は言うのを止めた。なぜだかわかるか、君たちの身体に染みついていることがわかったからだ」

パフォーマンスに見えるかもしれませんが、さまざまな試みで、選手たちの士気を高めようとするものなのです。

クロアチア戦 食いつかせて仕掛ける

結局、アルゼンチン戦は0－1。黒星スタートとなりました。

「良い試合だった」なんて言える状況ではありませんでしたが、卑下する必要はないと思っていました。選手たちは堂々と、本当によく戦ってくれた。穴熊みたいにゴール前を固めることなく、勇敢に前へ出てチャンスも作りました。あの当時、そんなことを言っていたら大バッシングに遭っていたと思いますが、心の中ではそう感じていました。

選手たちにも、正直な気持ちを伝えました。

「みんなギリギリまでがんばってくれた。素晴らしい試合だった」

選手たちは世界を相手に堂々と戦い、内容的にも誇れるゲームをした。

次のクロアチア戦に向けては、マネジメント的に難しい部分はありませんでした。このサッカーで十分戦える。そんな手応えを感じながら第2戦までの5日間を過ごしました。

クロアチアもポテンシャルの高いチームでした。大半の選手が180センチメートル以上で、しかもテクニックがある。年齢的にも脂の乗り切った選手たちがそろっていました。

前線はダボル・スーケルとゴラン・ブラオビッチ。警戒していたアレン・ボクシッチはケガで戦列を離れていましたが、中盤にはズボニミール・ボバン、ロベルト・プロシネツキ、マリオ・スタニッチ、中盤の底で身体を張るイゴール・トゥドル、抜群のスピードと素晴らしいフリーキックを持っているロベルト・ヤルニ、さらに練習の視察の際に目を引いたアリオサ・アサノビッチなど、錚々《そうそう》たるメンバーがいました。

クロアチアは相手にある程度ボールを持たせておいて、奪った瞬間に一気にカウンター攻撃を仕掛けるサッカーをしていました。どの試合でも、同じスタイルで戦っていました。

「このメンタリティは日本人にはないな」

岡田さんと一緒に試合を観て、そんなことを話しました。

相手にボールを回されているのに、少しもイライラしない。普通、あれだけテクニックのある選手がそろっていれば、自分たちでボールを回すスタイルを志向できるし、選手たちもボールを持っている方が楽しいはず。ところがスーパーな実力を持った選手たちが引いて守り、ある程度相手にボールを持たせている。

そしてボールを奪った瞬間、スイッチを入れる。前線のスーケルにボールを当てて、ヤルニとスタニッチを走らせる。スピードのある選手が多いから、少ないタッチ数で一気にゴール前までボールを運ぶ。点を取るのはほとんどがカウンター攻撃かセットプレーという、何とも不思議なスタイルでした。

ミロスラフ・ブラゼビッチ監督の勝つためのサッカー哲学だったのでしょうが、日本としてはそれまでに対戦したことのないタイプの相手だったのです。

第1戦の結果も、日本にとっては厄介なものとなりました。ジャマイカとの初戦、クロアチアは3－1で勝利していました。つまり日本戦は、絶対に勝点3が必要な試合ではなかった。仮にジャマイカに負けるかドローなら攻めざるを得なかったでしょうが、引き分け以上でよかった。じっくりと構えて相手を誘い出してから一発を狙う、クロアチアの最も得意な戦い方に追い風となる状況だったのです。

一方で日本は勝点3を取らなくてはいけないので、前へ出ざるを得ない。グループリーグを突破するためには点を取って勝つ必要があったので、クロアチアが敷いたレールの上で戦うことを余儀なくされたのです。

とはいえ、クロアチアにも弱点はありました。

DF陣にスピードがなかったのです。相手に裏を取られるのが怖いから、最終ラインは低めに設定されていました。低い位置に守備ブロックを作り、そこにボールが入ってきたときに一気に奪いに行く。アリ地獄を作っておいて、ボールを誘い込むイメージです。そして奪ったボールは一気にスピードのある前線の選手に合わせていくのが、クロアチアの戦い方でした。

そうした守りに対して、日本には2つの選択肢がありました。1つは彼らが狙っているところ、すなわちアリ地獄を避ける戦い方、もう1つがあえて飛び込む戦い方です。

もう少し分析を進めていくと、クロアチアの守備陣がボールを奪えるチャンスだと思って食いついてきた瞬間、そこに弱点があることに気づきました。ボールを奪いに上げた最終ラインの裏を取られるシーンが、何度かあったのです。

だから日本は、相手が狙っているところにあえてボールを入れる。つまり相手を食いつかせて、そこから裏を取ることを狙ったのです。

具体的には、城がバイタルエリアに顔を出す。そこにボールを入れる。すると、クロアチアの最終ラインがボールを奪いにラインを上げてくる。そこで、城がシンプルにボールをさばくのと同時に別の選手が3人目の動きで裏に飛び出すのです（図20）。

とはいえ、前線の城の位置まではなかなかボールを入れさせてくれません。その場合、同様にボランチの山口、名波にパスを入れることで一旦食いつかせて、もう1つ奥にボールを入れたり、サイドのスペースを狙ったりしていました。1枚1枚皮をはがすように食いつかせては、その裏を取るプレーです。

あくまで私の想像ですが、ブラゼビッチ監督はラインを上げて裏を取られるのが怖かったのだと思います。あれだけテクニックのある選手をそろえていたにもかかわらず、どうして主導権を握らず、リトリートして後ろに守備ブロックを作っていたのか。そう考えると納得がいきます。

後ろにスペースを作るよりも、少し引いて、前でボールを奪う方が勢いを持って攻撃に転じることもできる。スラベン・ビリッチもズボニミール・ソルドも前に強く、ガッとボールを奪いに行ける。けれども、後ろのスペースを突かれる不安を拭い切れなかったのでしょう。

日本はリスクを覚悟のうえでアリ地獄にボールを入れて食いつかせ、クロアチアの最終ラインの裏を狙っていきました。そのときに注意したのは、ボールを奪われたらすぐに切り替えて奪い返すこと。それとクサビのパスを受ける選手を孤立させないように、しっかりサポートすることでした。

クロアチアのカウンター攻撃を恐れてサポートに出ていかないと、かえって前線が孤立して、相手の思うつぼでボールを奪われてしまう。しかし勇気を持って裏に飛び出せば、

図 20 クロアチア戦戦術（フランスW杯 1998.6.20）

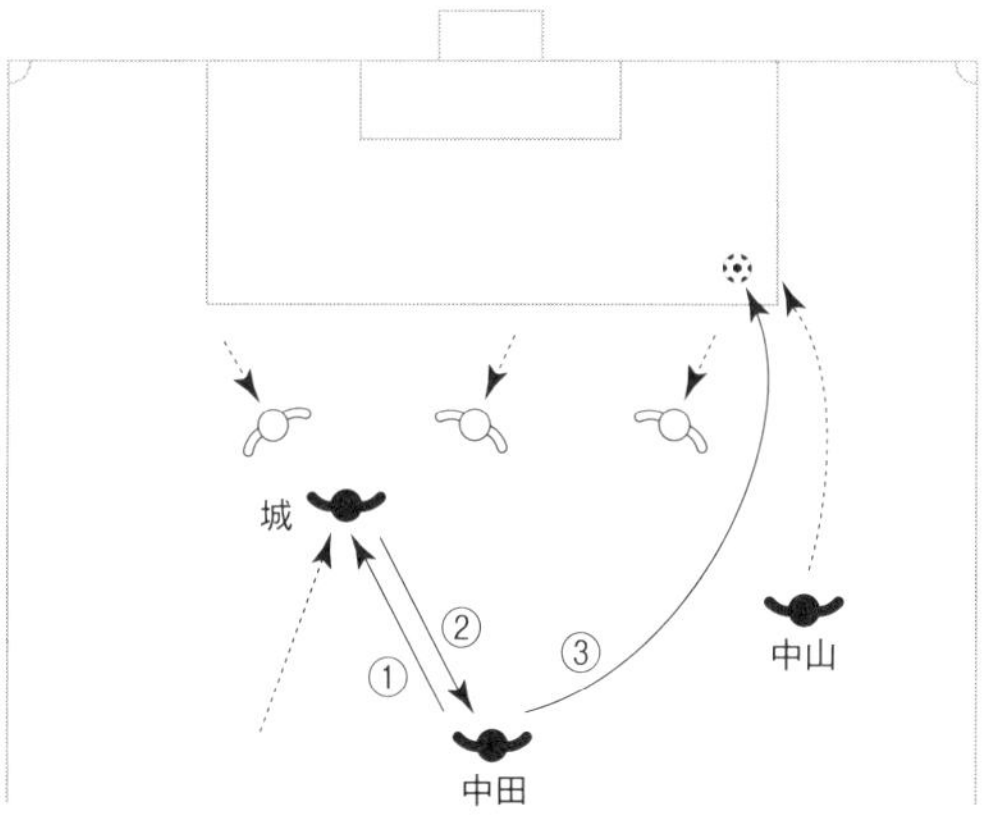

城がバイタルエリアに入ることで、クロアチアの最終ラインを食いつかせる。城がボールをシンプルにさばくのと同時に、別の選手が３人目の動きで裏に飛び出す。

ボールの動き　人の動き

もし奪われたとしても前線に人数をかけているので、奪い返すチャンスがあるし、少なくとも相手の速い攻撃を一瞬でも遅らせることができる。そこの意識は徹底させました。

結果、食いつかせて裏を取る、食いつかせてサイドに展開するプレーに関しては、狙い通りの形を作れたと思います。

とはいえ、この試合も相手のエース、スーケルの一発を防ぐことはできなかった。

中盤でのパスミスが失点につながった。確かにそうかもしれませんが、日本は、リスクを覚悟のうえで、あのスタイルで戦おうと決めていたのです。あの場面もまさにその狙いの中でした。だから個人のミス云々ではなく、チームとして選択した戦い方の結果だったと思います。

中盤で相手にボールを奪われるプレーを避けたければ、別の戦い方もあったでしょう。相手が狙っているインナーゾーンにはボールを入れず、アウターゾーン、すなわち相手の守備ブロックの外側だけで回していく戦い方も1つです。しかし、それでは最後はロングボールをゴール前に入れざるを得ない。フィジカルに秀でた屈強なストライカーがいれば別ですが、それでは到底日本の良さを出すことは期待できません。

日本の良さを出し、しかも勝点3を狙う。逃げて、しかもそのうえで負けるようなことがあれば、初出場のワールドカップで得られるものは何もなくなってしまう。そんなことでは、悔やんでも悔やみきれない。

そういった気持ちが岡田さんの強気の采配にもつながったのだと思います。

新しい血をどこまで入れるべきか

クロアチアに敗れて2連敗となった日本は、翌日のアルゼンチン対ジャマイカの結果を受けてグループリーグ敗退が決まりました。

第3戦、ジャマイカ戦に向けた雰囲気作りは難しいものになっていました。懸ける気持ちが強かった選手ほど、落胆が大きかった。言葉には出さないし、黙々とトレーニングしているけれども、精神的な落ち込みがあったことは間違いありません。

また2試合で出番のなかった選手たちのモチベーションをどうコントロールするかも、大きなポイントでした。試合に出ていた選手たちは、まだ救われます。しかし試合に出ていない選手は辛い状況の中でも、歯を食いしばって一生懸命がんばっている。そうした選手たちのメンタル面を、どうコントロールするのか。かなり気を遣いました。

2試合とも少なくとも我々にとっては良い内容だった。グループリーグ敗退が決まったからといって3試合目でガラリと変えると、それまでの2試合を否定することになる。試合に出たくてウズウズしている選手がいる。新しい血、ギラギラしたものをどのくらい注入するのか。

先発メンバーを決める作業は、おそらく1戦目、2戦目を決める以上に悩んだはずです。

ジャマイカは勝てる相手だったと思います。

試合の順番が違っていたら、結果自体も変わっていたかもしれません。実際、日本が圧倒的に攻めていたものの、それでもゴールを奪うことができずに、逆にカウンターからセオドア・ウィットモアに2点を決められてしまいました。

ジャマイカはロングボールが多く、こぼれたボールを拾ってドリブルを仕掛けてくるタイプ。ワールドカップに出場した32チームの中でも、決して上のレベルではなかった。

そういった相手に勝てなかった日本は、まだまだ甘かったと言わざるを得ないでしょう。強い相手とは良い試合をしながら、勝たなくてはいけない相手には勝てなかった。初出場のフランスワールドカップの最終戦は、本当に悔しい試合でした。

ジャマイカ戦は、相手のスタイルに関してはそれほど注意を払いませんでした。それよりも、自分たちのサッカーでチャレンジするという意識が強かった。

試合前、私は「4バックにして、1トップ気味に張ってくるFWホールをセンターバックで見て、左サイドからトップの位置に入ってくるウィットモアをボランチが見る形で、前でプレッシングをかけるのはどうでしょうか」と、岡田さんに提案しました。

しかし岡田さんは、それまでの戦い方を変えなかった。

私は今、岡田さんの選択は正しかったと思います。2連敗でシステムを4バックに変えたら、果たして選手たちはどれだけのモチベーションで戦えたか。

「俺たちのサッカーを最後に見せてやる」

そういう意識で戦わなかったら、まったく機能しなかったと思うのです。私の提案は、言ってみれば作戦ボードに当てはめただけの戦略でした。しかし岡田さんは、選手たちのメンタル面を考慮していた。あのとき、選手たちは2連敗した現実を抱えすぎるほど抱えていました。岡田さんは、戦術よりも大事な選手たちの気持ちを重視したのだと思います。

自分たちのサッカーを貫いて誇りを見せる。誇りを失って戦っても意味はありません。今の私が、監督としてあのときと同じ状況になったら、岡田さんと同じ選択をすると思います。

世界と戦うことで見えてきたもの

初出場のフランスワールドカップを終えて感じたことは、たくさんありました。

まず、決定的に太刀打ちできなかったかというと、そんな気はしなかった。10回戦って5回勝つレベルではなかったけれど、10回負ける相手でもなかった。アルゼンチンやクロアチアが相手でも、2、3回は勝てるのではないかと思いました。日本人も捨てたものではない、という意識を強く持ったのです。

ただし一方で、大きな差を感じたことも確か。どのような差だったかといえば、それは「基本的な部分」。

私も含めて、ワールドカップを経験するまでは多くの人が「基本の部分」では勝負できるけど、世界との戦いでは「基本ではない部分」が勝敗を分けると思っていました。

しかし、現実は違っていました。基本というのは低いレベルではボロが出ないで済む。だけどレベルが高くなればなるほど、基本の質の違いが否応なく現われてしまうのです。例えばトップスピードのときや激しいプレッシングに遭うと、途端に正確なパスが出せなくなったり、正しい判断ができなくなったりする。

結局、どんなに素晴らしい個性を持っていても、レベルが高くなるとそれを発揮させてもらえなくなってしまうのです。もし日本の中に「基本」と「個性」が対局にあるもの、という認識があるとしたなら、それは改めなくてはならないでしょう。一つひとつのプレーの精度の差が積み重なると、とてつもなく大きな差になってしまうのです。

もちろん一朝一夕では埋められない部分ですが、地道に努力するしかありません。

ワールドカップの1試合、90分間には、その国のすべてが凝縮されていました。ピッチ上の11人だけではなく、そのバックグラウンドにある10年、20年の歴史。いろいろな人の情熱、努力、涙……。それらすべてが凝縮されて、その国の総合力があの90分間に現われる。そう実感しました。

折しも、フランスワールドカップが終わってから、優勝したフランスを率いたエメ・ジャケ監督と話をする機会がありました。

「フランスのワールドカップでの成功は、30年に渡る努力の成果である。1つの国がサッカーで成功するためには、ユースの育成と指導者の養成がカギである」

そのときの彼の言葉は、忘れることができません。

サッカーは世界中で愛されているスポーツです。歴史と伝統があります。掘り当てたらすっと上に行けるような戦術は、もはやそうそうありません。斬新な戦術や戦略は、ほとんど拾い尽くされている感があります。

新興スポーツの場合、何か面白い技なり技術なりを身につけて一気に頂点に立つ可能性もあるでしょうが、サッカーに関しては、そんな「魔法の石」はもう落ちていないのです。特効薬ばかり探して歩いていたら、進むべき方向もわからなくなってしまいます。

そんなスポーツだからこそ、基本的な部分を高いレベルの中でも発揮できるように磨くしかないのです。

指導者として今に続く流れの中では、本当にいろいろな選手を見ることができました。ワールドカップに関して言えば、メンバーに残った選手と落ちた選手がいました。最後に残って戦った選手は、どのような特徴を持った選手だったのか——。幸い、それまで若い世代の代表も見続けてきたので、私の中でこういう選手が残るんだという価値基準ができたのです。

フランスワールドカップから11年もの歳月が流れた今、あのときは無我夢中で気づかなかったことが、少しずつわかり始めているのです。

例えば、ゴンこと中山雅史。彼よりも上手い選手は星の数ほどいました。しかし私は、彼ほど貪欲にプレーする選手を知りません。彼ほどサッカーに没頭し身を捧げている選手を知りません。自分を高めることに対して、その意識の強さに関して、彼にはずば抜けた才能があります。だからこそ、日本でもトップの選手にまで登り詰めることができたのです。

そういった経験から学ばせてもらったすべてのことを、後輩にあたる指導者や選手たちに伝えているところです。

フランスW杯 日本代表 主な試合データ

アジア地区一次予選　オマーンラウンド		
97.3.23	○1-0	オマーン
97.3.25	○10-0	マカオ
97.3.27	○6-0	ネパール
アジア地区一次予選　日本ラウンド		
97.6.22	○10-0	マカオ
97.6.25	○3-0	ネパール
97.6.28	△1-1	オマーン
アジア地区最終予選		
97.9.7	○6-3	ウズベキスタン［ホーム］
97.9.19	△0-0	UAE［アウェイ］
97.9.28	●1-2	韓国［ホーム］
97.10.4	△1-1	カザフスタン［アウェイ］
97.10.11	△1-1	ウズベキスタン［アウェイ］
97.10.26	△1-1	UAE［ホーム］
97.11.1	○2-0	韓国［アウェイ］
97.11.8	○5-1	カザフスタン［ホーム］
第3代表決定戦		
97.11.16	○3-2	イラン
本大会　グループH組		
98.6.14	●0-1	アルゼンチン
98.6.20	●0-1	クロアチア
98.6.26	●1-2	ジャマイカ

▶フランスW杯アジア地区最終予選

日本	VS	韓国
2	前2-0 後0-0	0

1997年11月1日/15時00分/蚕室競技場（韓国・ソウル）

GK	川口能活	GK	金乗址
DF	秋田豊	DF	崔英一
	相馬直樹		李敏成
	井原正巳		柳相鉄
	名良橋晃		張大一
MF	山口素弘	MF	李基東
	北澤豪		李基珩
	名波浩		河錫舟
	中田英寿		徐正源
FW	呂比須ワグナー		高正云
	三浦知良	FW	崔龍洙

得点●名波浩（前半1分）　呂比須ワグナー（前半37分）

交代●北澤豪→平野孝　崔龍洙→金度勳　高正云→李相潤　徐正源→盧相来

▶フランスW杯アジア地区最終予選

日本	VS	UAE
1	前1-1 後0-0	1

1997年10月26日/19時00分/国立競技場（東京）

GK	川口能活	GK	ムフシン・ムサバハー
DF	名良橋晃	DF	モハメド・オバイド
	相馬直樹		ハッサン・サハイル
	斉藤俊秀		イスマイル・ラシド
	秋田豊	MF	モハメド・ラビー
MF	本田泰人		アブドラサラム・ジュマ
	中田英寿		モハメド・アリ
	名波浩		アリ・ハッサン
	北澤豪		アデル・モハメド
FW	三浦知良	FW	アドナン・アルタルミ
	呂比須ワグナー		ズハイル・バヒート

得点●呂比須ワグナー（前半3分）　ハッサン・サハイル（前半36分）

交代●山口素弘→本田泰人　相馬直樹→城彰二　モハメド・アリ→ハッサン・サイード　アリ・ハッサン→アハメド　ズハイル→モハメド・オマル

▶フランスW杯 アジア地区最終予選グループB 順位表

	韓国	日本	UAE	ウズベキスタン	カザフスタン	勝ち点	得点	失点	得失点差
韓国	—	0●2 2○1	3○0 3○1	2○1 5○1	3○0 1△1	19	19	7	+12
日本	1●2 2○0	—	1△1 0△0	6○3 1△1	5○1 1△1	13	17	9	+8
UAE	1●3 0●3	0△0 1△1	—	0△0 3○2	4○0 0●3	9	9	12	-3
ウズベキスタン	1●5 1●2	1△1 3●6	2●3 0△0	—	4○0 1△1	6	13	18	-5
カザフスタン	1△1 0●3	1△1 1●5	3○0 0●4	1△1 0●4	—	6	7	19	-12

※1位の韓国が出場権を獲得し、日本はグループA2位のイランと第3代表決定戦を行なった。

▶フランスW杯グループリーグH組

日本	VS	アルゼンチン
0	前 0-1 後 0-0	1

1998年6月14日/14時30分/ムニシパルスタジアム（フランス・トゥールーズ）

	日本		アルゼンチン
GK	川口能活	GK	ロア
DF	井原正巳	DF	アジャラ
	秋田豊		センシーニ
	中西永輔		ヒバス
MF	名良橋晃		サネッティ
	相馬直樹	MF	アルメイダ
	山口素弘		シメオネ
	中田英寿		オルテガ
	名波浩		ベロン
FW	中山雅史	FW	C・ロペス
	城彰二		バティストゥータ

得点●バティストゥータ（前半28分）

交代●中山雅史→呂比須ワグナー 相馬直樹→平野孝 C・ロペス→バルボ センシーニ→チャモ

▶フランスW杯 アジア地区第3代表決定戦

日本	VS	イラン
3	前1-0 後1-2 延前0-0 延後1-0	2

1997年11月16日/21時00分/ラーキンスタジアム（マレーシア・ジョホールバル）

	日本		イラン
GK	川口能活	GK	アベドザデー
DF	名良橋晃	DF	ハクプール
	秋田豊		ペイラバニ
	井原正巳		オスタダサディ
	相馬直樹	MF	マハダビキア
MF	山口素弘		マンスリアン
	中田英寿		モトラブ
	名波浩		エスティリ
	北澤豪		ザリンチェ
FW	三浦知良	FW	アリ・ダエイ
	中山雅史		アジジ

得点●中山雅史（前半39分） アジジ（前半46分） アリ・ダエイ（後半14分） 城彰二（後半31分） 岡野雅行（延長後半13分）

交代●三浦知良→城彰二 中山雅史→呂比須 北澤豪→岡野雅行 オスタダサディ→ミナバンドチャル モトラブ→モディリスタ ザリンチェフ→パシャルザデ

▶フランスW杯 本大会 グループH順位表

	アルゼンチン	クロアチア	ジャマイカ	日本	勝ち点	得点	失点	得失点差
アルゼンチン	—	1○0	5○0	1○0	9	7	0	+7
クロアチア	0●1	—	3○1	1○0	6	4	2	+2
ジャマイカ	0●5	1●3	—	2○1	3	3	9	-7
日本	0●1	0●1	1●2	—	0	1	4	-3

▶フランスW杯グループリーグH組

日本	VS	ジャマイカ
1	前 0-2 後 1-0	2

1998年6月26日/16時00分/ジェルランスタジアム（フランス・リヨン）

GK	川口能活	GK	ローレンス
DF	井原正巳	DF	グディソン
	小村徳男		ロウ
	秋田豊		シンクレア
MF	名良橋晃	MF	マルコム
	相馬直樹		ドウズ
	山口素弘		シンプソン
	中田英寿		ウィットモア
	名波浩		ガードナー
FW	中山雅史	FW	ゲイル
	城彰二		ホール

得点●ウィットモア（前半39分） ウィットモア（後半9分） 中山雅史（後半29分）

交代●城彰二→呂比須ワグナー 小村徳男→平野孝 名波浩→小野伸二 ホール→ボイドゲイル→バートン シンプソン→アール

▶フランスW杯グループリーグH組

日本	VS	クロアチア
0	前 0-0 後 0-1	1

1998年6月20日/14時30分/ボジョワールスタジアム（フランス・ナント）

GK	川口能活	GK	ラディッチ
DF	井原正巳	DF	スティマッチ
	秋田豊		ビリッチ
	中西永輔		ソルド
MF	名良橋晃	MF	ヤルニ
	相馬直樹		シミッチ
	山口素弘		アサノビッチ
	中田英寿		プロシネツキ
	名波浩		ユルチッチ
FW	中山雅史	FW	スタニッチ
	城彰二		スーケル

得点●スーケル（後半32分）

交代●中山雅史→岡野雅行 名波浩→呂比須ワグナー 名良橋晃→森島寛晃 スティマッチ→ブラオビッチ プロシネツキ→マリッチ スタニッチ→トゥドル

Epilogue　日本サッカーのレベルアップのために

日本サッカー界の先頭に立ってスカウティングに取り組んできた私としては、スカウティングの普及、一般化はうれしい限りです。しかしここ最近、スカウティングの意味を勘違いしている指導者がいるという懸念もあります。

少年サッカー大会に参加していたチームの監督が、大事な試合を前に子供たちと別のホテルに泊まって相手のチームを分析していた、という話を聞いたことがあります。

もしそうだとしたら、いったい何を考えているのでしょうか。

大事な試合に臨む子供たちがどのような気持ちでいるのか感じ取り、どのようにアプローチすべきか考え、どのように伸びるのかを見守ってあげることこそ、一番大切なことではないでしょうか。にもかかわらず、試合に勝つことだけを考えて相手のチームを分析するなんて、本末転倒にもほどがあります。

スカウティングは、指導者同士が105メートル×68メートルの盤の上で壮大なチェスを行なうためのツールではありません。

何度も書いてきましたが、スカウティングの最大の目的は選手たちを堂々とピッチに送り出すことです。

相手のチームを分析して、「このように攻めてくるだろうから、こう受けよう」とか、「右からこう攻めて相手を崩して、こんな感じでゴールを奪おう」と考えるのは、机の上の論理としては正しいかもしれません。しかし、選手たちが自分の判断で「そうしてみよう」と考えてピッチに立たない限り、躍動感は生まれません。

選手たちは、監督に動かされるロボットではないのです。

スカウティングに基づいた指導をすることで、選手たちに「なるほど、それなら戦えそうだ」という気持ちを抱かせたり、「早く試合がしたい」と思わせたりすることが一番。いくら正しい分析をして、いくら正しい戦術を立てても、実際に戦う選手たちは血の通った生身の人間です。一人ひとりが心の内側から湧いてくる戦う気持ち、絶対に勝てるんだという自信をみなぎらせて試合に臨まない限り、スカウティングはマイナスになる可能性がありま す。

手法をいろいろ身につけても、行き着く先を見失っていては意味がありません。

また、スカウティングは最終的に選手一人ひとりを輝かせるためのツールであり、それ自体が上に立つものではない。主役は、あくまで選手たち。

そこを誤ってスカウティングを重視しすぎると、引っ張られるように指導者が上に、選手たちが下にきてしまう。指導者が主役になって「今日の試合はあの監督と俺の勝負だ」と思っていては、悲惨なゲームになることでしょう。

主役である選手たちが自分たちで考え、自分たちで判断し、自分たちの良さを発揮するため、あるいはチームとして1つの方向でサッカーをするためのツールとなることが、スカウティング本来の存在意義なのです。

スカウティングによって情報が増えると、与えたくなる人が多い。知識を身につけた指導者は、どうしても教えたくなるのです。でも、そこで一線を引くべきです。情報はあくまで引き出しにしまっておいて、必要なときに必要なものだけ取り出せばいいのです。たくさんの引き出しを持っていて、選手が直面している状況に合わせて情報を取り出して与える。そうできる指導者が素晴らしいコーチと言えるのではないでしょうか。

そもそも、コーチの領域とスカウティングの領域は別物ではありません。コーチというのは、スカウティング的な眼を持っていないといけない。ただし、主役は選手。分析的な眼をしっかり持ちながら、「生もの」である選手たちをどう育てていくか。そこが一番大事なのです。

だから、スカウティングを用いて小細工に走るのではなく、選手たちを伸ばすことを最優先に考えてほしい。

コーチとはもともと「馬車」の荷車を指す言葉で、「導いていく」「引っ張っていく」というのが元来の意味なのです。

また、似たような意味で、インストラクターやエデュケイターという言葉もありますが、インストラクターが「指図してやらせる人」という意味合いが強いのに対し、エディケーションは「持っている資質を引き出す」というのが語源だそうです。

その意味ではサッカーの指導者も、引っ張っていく「コーチ」であり、本来は選手たちの持っているものを引き出してあげる「エデュケイター」であるべきなのです。

▼▼▼自分で判断して失敗することで成長できる

日本人は、教え上手、教わり上手。あるいは教え好き、教わり好きという面があると言われます。そうした国民性、特徴はいい面でもありますが、傾向として強すぎると問題が出てくるでしょう。

日本の社会、あるいは教育の現場に、答えを求めてしまう文化があることは否定できないと感じます。先生に質問された生徒が自分の答え（意見）を述べるのではなくて、先生が期待している答え、満足する答えを探してしまうのです。

また1つの意見があったとすると、次の子もそれに合わせた意見を口にする。異なる意見（オブジェクション）を口にする文化が、浸透していない。

日本の社会では、失敗させることを怖れているようにも思います。

私がイングランドに留学していたときに感じたのは、「Take your own Risk」自己責任の文化があることです。

例えば2階建てのバスの後ろにはドアがなく、好きな場所で乗り降りできるようになっている。ドアがないのはけしからん、という議論はない。バス停で乗り降りしなさいというルールはあるけど、飛び乗るのも飛び降りるのも自由。その代わり、ケガをしたときは自分の責任だという文化です。

私も便利だからと、しょっちゅう飛び降りていました。もちろん、Take my own Riskで。

そう考えると日本は、社会も親も学校も、どうやったらこの子が失敗しないか、そればかりを考えているような気がします。

曇った日に、子供が「お母さん、傘持っていった方がいい?」と聞いたとします。するとお母さんは天気予報などを確認して、「持っていった方がいいわよ」と言うでしょう。けれどもし雨が降らなかったら、「持っていったのに、降らなかったじゃない」となる。

子供に聞かれたとき、「自分で考えなさい」と言えばいいのです。「天気予報は降るって言っているけど自分で考えなさい」とか。子供が「傘は重いから、持っていくのイヤ」と言って雨が降ったら、ずぶ濡れになって帰ってくればいいのです。

自分の判断で経験することで、成長できるのです。「転ばぬ先の杖」ではなく、失敗から学ぶことがあってもいいと思います。

ただし、日本の社会がそうだから、日本の教育がそうだからと、あきらめていては進歩がありません。

社会が変わればサッカーが変わることは間違いない。けれども私は、サッカーが社会を変えていけると信じています。その信念がなければ、今このサッカー界に生きている意味さえないと言ってもいいでしょう。

サッカーはその国の国民性、文化などを反映しています。すなわち、日本サッカー界が抱えている課題は、少なからず日本社会が抱えている問題を反映していると思います。だからといって社会のせいにするのではなく、サッカーの持つ力を信じたいのです。

因果関係を逆にしなければ、おもしろくない。

子供たちのサッカーを観ていると、チャレンジしようとしている子どもに「お前は蹴っておけ」「そこは行くな、バランスを考えろ」という指示の声が聞こえてきます。刹那的にみれば失敗しないためには正解かもしれません。

しかし、思い切りチャレンジしたことで失敗して、悔し涙で眠れない日があってもいいじゃないですか。選手たちには、そんな挫折からでも絶対に這い上がってくる力を持っている。指導者がそう信じてあげることで、選手たちの能力が伸びていくのです。

▼▼▼今の子供たちに個性はなくなったのか

子供たちに対する指導の話題になると、必ず画一化とか没個性とか批判する人たちを見かけます。しかし私は、決してそんなことはないと感じています。

画一化とか没個性は大人が言っていること。ならば子供が変わったのか、大人が変わったのか。少なくとも私は、大人が変わったと思っています。それには2つの理由があります。

1つは個性が目立たなくなってきた問題。戦後の貧しい時期に食べた1枚のステーキは、ものすごく美味しかったと思います。それが今、日常的にステーキが食べられるようになって感動が薄れたのと同じです。昔も今も、素晴らしい個性を持った選手はいるのです。けれども、全体のレベルが上がったことで個性が目立たなくなっている。

私も初めてヨーロッパに行ったときは、全員が上手く見えて一人ひとりの個性を見抜けませんでした。現在、レベルの上がった日本でも同じ現象が起きているのではないでしょうか。

もう1つは大人の「観る眼」の問題。子供たちの試合を観て、開始5分もしないうちに、「今の子供は個性がないね」などと話しかけてくる人がいます。

おそらく、その人の頭の中には「今の子供たちには個性がない」という先入観（あるいは何の根拠もない情報）がインプットされているのでしょう。だから、その考えに縛られて、自分の眼で真実を確かめようとしない。もしくは確かめる眼を持っていないのです。

こんな英語のことわざがあります。

Beauty is in the eye of the beholder（美しさは、それを見つめる人の瞳の中にある）

美しいバラが咲いていたとします。ですが、そのバラ自身が美しいのではありません。バラを見ている人が美しいと感じたときに、そのバラは美しくなるのです。同じものを見ても、美しいと感じる心がなかったら美しくとも何ともないのです。

5分だけで子供たちを判断した人も同じことではないでしょうか。個性的な選手がいないのではなく、目の前にすばらしい可能性を持った子どもがいるのに観ている人の瞳に見抜く力がないだけなのです。

子供は変わっていない。素晴らしい個性を持っている。それを見てあげる、あるいは見抜いてあげる大人の方が変わっただけなんだと、私は強く思っています。

だからこそ、スカウティングによって「観る眼」を養うことが本当に重要になってくるのです。まずは選手たちを信じてあげる。素晴らしい個性、素晴らしい能力を見抜いてあげる。

「サッカーは子供を大人にし、大人を紳士にする」

私が大好きな、日本サッカーの師と言われるデットマール・クラマーさんの言葉です。サッカーには限りない力があります。もちろん、サッカーを文化として日本に根づかせるには時間も労力もかかるでしょう。だからといって手をつけなくては意味がない。時間はかかるけど決してあきらめず、コツコツ努力する。

そしていつか、多くのサッカー仲間の力で、サッカー界からの働きかけによって日本全体に変化が訪れたとき、そのときこそ、日本代表チームがワールドカップを掲げる日だと信じています。

付録　スカウティングノート

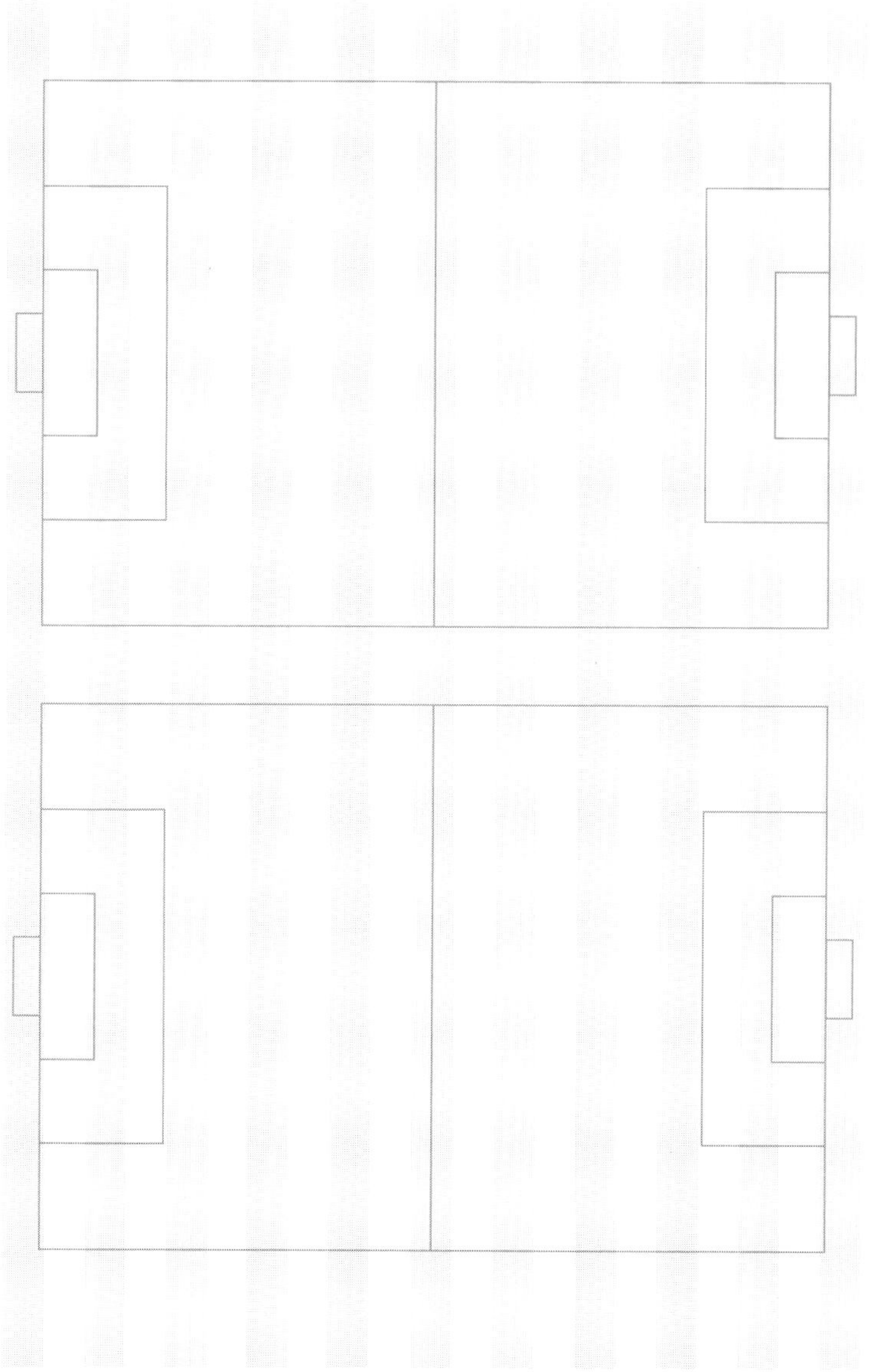

※著者が実際に作成したノートを再現しています。フォーメーション図としても、ノートとしても使えるようになっています。左を両チームのフォーメーション図、右をメモ書きとして使うなど、サッカー観戦をする際の参考にしてください。ノートの取り方に関しては、本書第２章にて紹介しています。

あとがき

「オランダ、カメルーン、日本、デンマーク……」

世界中の注目を集めた華やかな雰囲気の中、ワールドカップ南アフリカ大会の組み合わせが高らかに読み上げられました。

抽選会の終了は、新たな闘いの幕開けを意味します。

「世界のトップ4を目指そう！」

その合い言葉のもと、強化を続けてきた岡田ジャパンは、また新たなステージへと入っていくのです。

まさにあの日々のように……。


「アルゼンチン、クロアチア、日本、ジャマイカ……」

フランスワールドカップにおいても、対戦チームが決まってからの慌しさ・プレッシャーは、想像を絶していました。対戦チームの分析、それと並行する形でのチームの強化、それらが最終段階へと突入していく。

岡田監督とともに、多くの国を周り、ビデオにかじりつき、そしてチームの強化を延々と話し合った日々が、頭の中に、鮮明に思い出されます。

あれから12年、まさに「月日は百代《はくたい》の過客《かかく》」の感です。


「あまり書きたいテーマではないんだけど……」。

雑誌『ジュニアサッカーを応援しよう！』の取材で、度々足を運んでくださったカンゼン編集部の李さんが、ある日、出版の話しを持ちかけてくれました。そのときの私の反応が、おそらく先のような言葉だったと思います。


「お前とお前、左右入れ替われ！」

「コーナーフラッグに蹴っておけばいいだろ！」

「そいつには一発で行くな！」

子どもたちのサッカー現場に足を運ぶと、しばしば耳に入ってきてしまうこの手の言葉。

「確かに刹那的な勝利を求めるのなら正解なのかもしれないけれど、でも子どもたちはもっとチャレンジしたいだろうに」

そんな感を禁じ得ません。

スカウティングという意味が、はき違えられている。

サッカーとは、自分で判断するからこそ、そこに醍醐味があるはずなのに。

そしてサッカーとは、指導とは、魂と魂の触れ合いであり、時にぶつかり合うものであるはずなのに。

「だからこそこういう本が必要なんです」

「うわべだけでない、本質を観る眼が養われていけば、もっといい指導につながるのではないでしょうか」

「何よりも一般の人たちでも、もっとサッカーを楽しむことができるのではないでしょうか」

李さんの言葉一つひとつには、情熱がこもっていました。

「サッカーは、もっと深くて、もっとおもしろいんだ！」確かに、これは監督をしていたとき、常に選手の感性に語りかけてきたテーマだったはずです。

それから、過去のノートや記憶を紐解いていく日々が始まりました。

とはいうものの、技術委員長の仕事の合間を縫っての作業なので、構成を担当してくださった粕川哲男さん、山内雄司さんの力なくして完成をみることはなかったと思います。お二人の尽力には改めて感謝したいと思います。

2010年6月には、世界中がワールドカップで盛り上がっていることでしょう。

そこで繰り広げられるであろう、すばらしいプレーの数々。

その深淵にある意図と意図とのつば競り合いの魅力を重ね合わせることで、もっと深いところにあるサッカーの醍醐味へと皆様をご案内できることができるとしたら、筆者としてこれ以上の歓びはありません。

こうしてこの本を書くことができたのも、若い頃から自分を育ててもらった多くの諸先輩抜きには語れません。

強化委員会に呼んでいただき、悲願のオリンピック出場に向け、ともに汗した加藤久さん、田嶋幸三さん、時の監督であった西野朗さん。日本代表を率いて初のワールドカップ出場に挑んだ加茂周さん、そしてフランスの本大会を闘った岡田武史さん。

監督・コーチとしてU-20世界大会に臨んだ西村昭宏さん、そこから導かれた課題を克服すべく育成年代改革に一緒に取り組み、すさまじい力を発揮してくれた布啓一郎さん、吉田靖さん。

また多くのことを学ばせてもらったUEFAテクニカルダイレクターのアンディ・ロクスブラさん。フランス代表、そしてリバプール監督を歴任されたジェラール・ウリエさん。

それ以外にも本当に多くのサッカー仲間に支えてもらった結晶がこの本だと思っております。

すばらしいサッカー仲間の皆様すべてにこの場をお借りしてお礼させていただきたいと思います。

２００９年12月24日　小野　剛

【著者プロフィール】

小野 剛（おの たけし）

1962年8月17日生まれ。ヨーロッパ、北米、南米と世界各国のコーチング及び選手育成システムを学ぶ。日本サッカー協会強化委員として、加藤久氏、田嶋幸三氏などとともに日本独自の育成プログラム作成、トレセン活動を中心とした世界を視野にした強化システム作りなどを活発に行ない、現在の日本サッカー躍進の礎を築く。各カテゴリー日本代表チームのスカウティング（戦力分析）活動も行ない、アトランタ五輪での28年ぶりのオリンピック出場、「マイアミの奇跡」などに貢献。その後、フランスワールドカップアジア最終予選途中、岡田監督にコーチとして抜擢され、本大会でも岡田ジャパンを支えた。2002年には、サンフレッチェ広島監督としてチームを指揮。1年でJ1復帰を果たし、13位（03年）、11位（04年）、7位（05年）と順位を上げる。2006年より日本サッカー協会技術委員長就任。国際的な親交関係を生かし、UEFA、FIFAなどのカンファレンスに多数出席。クラブワールドカップではFIFA TSG（テクニカルスタディグループ）メンバーに抜擢され、2009年よりFIFA インストラクターも務めている。

1981年	千葉県立船橋高等学校卒業
1985年	筑波大学体育専門学群卒業
1988年	筑波大学大学院修士課程体育研究科修了
1988年～1990年	筑波大学体育センター助手
1990年～1996年	成城大学法学部専任講師
1994年～1995年	Liverpool John Moores University (England)客員研究員
1995年～1997年	日本サッカー協会強化委員会委員
1996年～1997年	サンフレッチェ広島強化部
1997年～1998年	フランスワールドカップ日本代表コーチ
1999年～2002年	日本サッカー協会ユースダイレクター
1999年～2001年	U-20日本代表コーチ
2002年	トゥーロン国際大会：U-21日本代表ヘッドコーチ（監督）
2002年～2006年	サンフレッチェ広島監督
2006年～	日本サッカー協会技術委員長 (Technical Director)
2009年～	FIFA インストラクター

【取得資格】

1994年　NSCAA Advanced National Diploma（全米サッカーコーチ協会公認：上級コーチ）
1994年　The F.A. International Coaching Diploma Award（イングランドサッカー協会公認：上級コーチ）
1997年　日本サッカー協会公認Ｓ級コーチ

【主な著書】

『クリエイティブサッカーコーチング』（大修館書店）
『フランスサッカーのプロフェッショナルコーチング』（大修館書店）翻訳

※本書における選手の所属チームは、2010年1月現在、またはJリーグにおける最終所属チームです。

デザイン／山内 宏一郎（saiwai design）
構成／粕川 哲男
協力／山内 雄司

編集／李 勇秀（カンゼン）

サッカースカウティングレポート
超一流のゲーム分析

発行日 2010年2月18日 初版
2010年4月28日 第3刷 発行

著 者 小野 剛
発行人 坪井 義哉
発行所 株式会社カンゼン
〒101-0021
東京都千代田区外神田2-7-1 開花ビル4F
TEL 03（5295）7723
FAX 03（5295）7725
http://www.kanzen.jp/
郵便振替 00150-7-130339
印刷・製本 株式会社シナノ

 ISBN 978-4-86255-037-8 Printed in Japan
定価はカバーに表示してあります。

本書に関するご意見、ご感想に関しましては、
kanso@kanzen.jpまでEメールにてお寄せ下さい。お待ちしております。